后工业的可能性

——经济学话语批判

〔美〕弗雷德·布洛克 著

王翼龙 译

商务印书馆

2010年·北京

Fred Block

POSTINDUSTRIAL POSSIBILITIES

A Critique of Economic Discourse

Published by arrangement with the University of California Press

根据加利福尼亚大学出版社 1990 年版译出

目　　录

前　言

本书篇幅虽小，但有三大目标。首先是换种方式，对后工业理论作一番陈述，而且赋予它新的活力。其次，是以实例说明作为了解当代经济的一种方法，经济社会学所具有的影响力。第三，则是为反省发达资本主义社会的经济政策和社会选择，提供一种可资选择的参照标准。显然，独此一书，这几项任务中，完成哪一项都使人有力不从心之感。更何况，书中谈及的各种论题，意义又都如此重大，独立存在的各章，都只不过触及与我的论点有关的数据资料和学术成就的表面而已，应该纳入这项分析的新的论著，又差不多每天都在出版发行中。然而，要是能够起到鼓励别人更为持续、系统地开始研究这些问题的作用的话，我认为我还是有理由发表一篇短论，确切说，是一项尝试的结果——诚然，是带有暂时性的，尚待完善的。要是没有人执著、理智地作出这样一种大胆尝试的话，那就确有危险了，这就是，严肃的学术成就仅限于适合于某一个学者精深研究的面窄的问题，当代重大问题，则无人通晓了。

在本书的准备过程中，我蒙恩感激不尽。美国杰曼·马歇尔基金会 1986－1987 学年给了我资助；那一年如果无法潜心研究和写作，本书可能就脱稿不了。我还对宾夕法尼亚大学评价和振兴社会科学计划表示感谢，该计划连续几个夏季向我提供研究资助。更重要的是，本书的论点，是反映我在该计划举办的研讨会上从我的同行那里所学到的东西的。

x 有很多人提供了关键的参考书或资料，其中包括保罗·阿德勒，安·米勒，珀特里夏·鲁斯，和迈克尔·温斯坦。很多人读过各章或全部手稿，并提了宝贵意见，这包括丹尼尔·贝尔，南希·福尔布雷，罗杰·弗里德兰，杰里·雅各布斯，亨里卡·库克利克，弗朗西丝·福克斯·皮文，塞谬尔·普雷斯顿，卡门·西里安尼，朱迪·斯泰西，安·斯威德勒和罗伯特·伍德。原稿还因彼得·德雷尔和内奥米·施奈德的编辑工作而大为增色。过去15年间，有五位朋友对我的想法的逐步深化始终是尤其重要的，他们是拉里·赫希霍恩，卡尔·克拉雷，马加利·萨尔法蒂·拉森，达维德·普洛特克和佩吉·萨默斯。对他们的感激之情，我无以言表。

我受我全家的恩惠也数不胜数。我深深感谢我的母亲让·利布曼·布洛克和我的父亲弗雷德里科·H. 布洛克，感谢他们对我的爱和支持。我不愿用动听的话对我妻子卡罗勒·约菲表示谢意，虽说那或许是需要的。她的爱和智慧使拙作大为生色，说这一句话就够了。谨以此书献给我的女儿米丽娅姆·布洛克和朱迪思·约菲·布洛克，一如既往，由衷地希望她们将享有一个更好的世界。这一奉献，谅必实难酬谢她们给予我的一切。

第一章　后工业的来龙去脉 1

这是美国历史上一个奇特的时期，因为人们对他们生活于其中的这种社会，还缺乏某种共识。祖祖辈辈都以为美国是工业社会，但对现实的这一释义，不再令人信服了。有说服力的、可供选择的，又尚未出现。

这种混乱和含糊不清的情况，在注重实际的观点和社会理论中都有反映。有关我们所处的这一历史时代的性质，当代社会理论家绝少谈及。① 社会理论家都专注于超理论的问题；很多理论上的争论，都集中在界定社会理论的固有范围和所追求的目标以及决定应创建何种理论上。在解释当代社会的性质和描述它们的主要动态方面，近年来所下的工夫相对很少。下这种工夫，现在似 2
乎差不多也就看作是守旧的一套，再现 19 世纪理论家的远大抱负是落伍过时了。②

---

① 更准确地说，是他们直接告诉我们的，极少；他们在界定社会性质这个经典问题上保持沉默，本身就是发人深省的。于此普遍沉默，有例外，但对旨在反映社会理论争论现状的新近一卷中的论文（安东尼·吉登斯和乔纳森·特尔纳编辑，《当今的社会理论》[斯坦福：斯坦福大学出版社，1987 年]）就强烈支持这一结论。也有不完全支持的，其中重要的，有罗伯托·曼加贝拉·温赫尔新近的多卷本著作，《政治：建设性的社会理论著作》（剑桥：剑桥大学出版社，1987 年），和安东尼·吉登自己的多卷本研究，《历史唯物主义当代批判》（伯克利：加利福尼亚大学，1981 年，1987 年）。第 2 卷，题为《民族国家与暴力》。

② 事实上，这是受过后结构主义影响的很多人的见解。在他们看来，创建一种统

当代理论家的这种沉默，含义深远，它说明，人们对他们所处的那类社会还缺乏某种理解，这种情况，不能再继续下去了。在现代社会，社会理论在向我们提供了解我们的社会环境的路线图上，发挥着某种必不可少的作用。在高深社会理论与普通“常识”之间，尽管有着复杂的种种中介物，但两者还是以多种重要方式联结在一起的。[①]

在社会理论未能解释我们的社会的性质的那几个时期，往往就会有其他的想法填补民众理解力上的空白。正如凯恩斯谈及经济学时所说的，声称不受任何理论影响的人，通常都被人们早已遗忘了的某个蹩脚作家的思想所征服。在我们自己所处的这个时期，填补了当代社会理论的这种沉默所留下的空白的，是经济思想，尤其是凯恩斯学派前的经济思想，这具有讽刺意味。20 世纪 80 年代古典自由市场经济学引人注目的复兴，起到了这样一种作用，就是满足人们对指导其日常行为的某种社会共识的需要。[②]

社会理论的相对沉默，根源在于 20 世纪 60 年代和 70 年代相继发生的事件，这些事件，严重削弱了第二次世界大战后美国社会科学的理论，此前，它们是居于支配地位的。社会学中的结构功能主义，政治学中的多元主义，和经济学中的自由主义的凯恩斯主义，都鼓吹一种逐步发展的必胜主义；这种思想，视美国社会已经

一的社会理论的任何尝试，都是按理性而言站不住脚，又有强人所难的潜在可能性。

① 在形成有关现实的流行观念上，社会理论起决定性作用；这种看法的经典来源，是葛兰西。见安东尼奥·葛兰西，《监狱笔记本文选》第 1 卷(纽约：国际出版公司，1971 年)。

② 原教旨主义宗教思想填补了很多人的这一空白。当然，在自由市场思想与福音书的基督教教义之间，存在着密切关系。见卡尔·波拉尼，《大变革》(1944 年；重印，波士顿：灯塔出版社，1957 年)，第 249—258 页。

逐步形成了新的制度安排，这种制度安排，提供了解决诸如阶级冲突、经济危机和剥削一类工业主义的历史问题的方法。这三类方法，都宣布一个新的历史时期到来了，在这个时期，文明的国家行 3
为和协商一致的精神，会使得剩余的种种社会问题有望逐步解决。这三种方法，就其政治观点和社会观点说，都直言是自由主义的。

对美国社会所持的这些乐观主义看法，一一为 20 世纪 60 年代和 70 年代的政治、社会各项发展所驳倒了。遵循这些传统工作的理论家，对这些新的发展提不出有说服力的解释，结果也就是，无论在学术界还是在更广泛的社会，他们的观点都丧失了权威性。**经济自由主义**，现已成为美国政治中一个意谓嘲笑对象的用词这一事实，就是对那些观念陷入危机的最具戏剧性的证明，这些观念，在 20 世纪 50 年代和 60 年代曾经支配了社会科学的话语。

就 20 世纪 60 年代晚期、70 年代初期的一个短暂时期说，这些主流观点的左翼批评家，好像是能够另建某种社会理论的，这种理论，或许终能在社会中产生广泛影响。然而，这种情况并没有发生。首先，根本问题上的深刻歧见，在激进派学者对主流见解的抨击似乎要胜利时，就在他们中间出现了。其次，很多左翼人士证明都不愿超越经典马克思主义阐述，而这种阐述，早就是落后于历史发展的了。左翼人士还超越不了对现行制度安排的一种批评；左翼未能就美国制度能够和应该如何加以改造提供一种可供采用的设想。

主流派社会理论和左翼社会理论两者的危机，都为经济自由主义传统的复兴开辟了道路，这一传统，大萧条以来基本上一直是处于静止状态的。对于 20 世纪 60 年代和 70 年代的骚乱，人们作出的回答几乎仿佛就是说："我们也许不再知道这到底是何种社会，但**我们的确知道**这是一种市场经济，而使一种市场经济运转的最好方法，就是实施最低限度的政府干预。”公开争论，是越来越取决于经济的需要是什么，而不是取决于我们现在处于何种社会，或者希望处于何种社会。因此，一系列的社会政策，现在几乎都完全依据它们与市场的规律有多适应展开争论了。

4 如此以某种经济理论充当更全面理解社会的一种角色，是不合适的。因为，这首先就表明，我们的政治见解，受“虚假必然性”一说，亦即，市场现实彻底制约我们一系列政治和社会选择的论点，所左右了。① 例如，我们一再听说，我们出于对穷人的同情而制定和实施福利计划这种努力，必然产生事与愿违的结果，因为采用不正当手段左右劳动力市场运转，势将产生不利的经济和社会后果。② 在过去几百年的思想史上，这种论点的“自由市场”前提一再受到质疑这一事实，没有对人们产生什么影响。事实上，20世纪30年代大萧条期间“自由市场”思想的彻底失败，现在几乎完全给忘记了。这证明，一旦社会理论丧失理解人们的经验的能力，即使以前被推翻了的理论，也会被复兴并被人们利用。

后工业理论，有可能提供某种有说服力的当代社会地图，以填补理解上的这一差距。然而，迄今为止，这尚未发生。即使在社会理论家中，后工业思想也还是处于当代争论的边缘，其于更广泛的公开辩论的影响一直有限。若能把握且克服导致这一失败的原因

---

① 虚假的必然性，是罗伯托·曼加贝拉·温赫尔的思想的一个重要范畴。尤其参看《虚假的必然性：激进民主制度贡献中的反必然论的社会理论》（剑桥：剑桥大学出版社，1987年）。

② 详见弗雷德·布洛克，“对福利国家政治经济学的反思”该文收于弗雷德·布洛克，理查德·A. 克洛沃德，芭芭拉·埃伦赖希和弗朗西斯·福克斯·皮文所著，《麻烦的季节：对福利国家的抨击》（纽约：伟人祠图书出版公司，1987年），第109—160页。

的话，后工业理论，是能够阐明我们目前的政治和社会情况的。[1]

后工业主义理论 5

丹尼尔·贝尔，先是在20世纪60年代发表的多篇论文中，提出后工业社会这个概念，后又在1973年出版的著作《后工业社会的来临》中，详尽阐述了这个概念。[2] 同期，另外的一批学者，也对一种类似的历史不连续这一思想——有时称为“信息社会”，“服务社会”，或“以电子通信技术为特征的社会”[3]——进行了探讨。1980年，阿尔文·托夫勒的后工业论点的通俗化版本《第三次浪潮》，是一大畅销书。[4] 然而，托夫勒写的书，似乎并没有使讨论热烈起来，倒是成了讨论归于偃旗息鼓的一个标志。20世纪80年代，围绕后工业社会一说的长篇大论相对少了，[5]贝尔和阿兰·图

---

① 在写本书时，后现代主义这一概念开始大为流行。虽然该概念源于艺术分析，但后经引申，是用以表征一切社会生活了，现在，更是在直接与后工业主义这个概念一争高下。后现代性这个概念令人感兴趣之处，在于它明确承认，我们生活在这样一个时期，在这个时期，社会科学的各种最重要概念，有鉴于现代性的超叙述性，已不再能理解人们的经验了。参看让-弗朗索瓦·利奥塔尔，《后现代状态：知识报告》（明尼阿波利斯：明尼苏达大学出版社，1984年）。后现代理论家中，有的，对填补这一空白是否可行或可取，持怀疑态度，但另外的，则显然是认为需要一种后现代社会理论的。用以描述建立这样一种理论的这一知识工程，是选择**后现代**这个术语，还是选择**后工业**这个术语，是有随意性的。

② 引文出处，见平装本版（纽约：基础图书出版公司，1976年）。

③ 参看贝尔著作的引文出处，《后工业社会的到来》，第51－55页。另见阿兰·图雷纳，《后工业社会》（纽约：兰登书屋，1971年）；格雷格·卡尔弗特和卡罗尔·尼曼，《中断的历史：新左派和新资本主义》（纽约：兰登书屋，1971年）。

④ 纽约：威廉·莫罗，1980年。

⑤ 属于这些重要例外的；首推拉里·赫希霍恩的论著。尤其参看，《机械化之后：后工业时代的工作和技术》（麻省，剑桥：麻省理工学院出版社，1988年），和《工作场所范围内：组织寿命的心理动力因素》（纽约：基础图书出版公司，1987年）。

雷纳等人转谈其他问题去了。此外,80 年代更是有了断然拒绝这个后工业观点的迹象。1987 年斯蒂芬・S. 科恩和约翰・齐斯曼撰著的一书就用了《后工业经济之神话》这个副标题,而该书,其时是备受关注的。①

即使如此,作为一个术语,**后工业**这个词实际上还是广为使用了的,尽管社会理论家和受过教育的公众,都没有认真接受这个思想。该词,通常是作为现代状态的一个相对空洞的同义词用的;"后工业的美国",是新闻记者或学者说"当代美国"的生动一些的一个措辞。但这个措辞的这些用法,并没有包含为理解当代社会具体特点而认真作出的任何努力在内。

即使该理论已被边缘化了,可该词还是有人广为盗用,这有一
6 个原因。该词是以人类发展三大阶段——农业社会、工业社会和后工业社会——这个思想为依据提出的。不过,当前这个阶段的特性尚未得到明确的描述;现在也就是说它是工业社会之后到来的阶段。**后工业**这个词只是一种标识,暂且代替在历史过程的稍后时候或许会出现的具有更多实质内容的标签。正像**工业社会**这个用语,是在工业革命开始了很长时间以后,才得以广泛使用一样,人类历史的这个新阶段的特性,也许也得再过若干年才会得到恰当的描述。②

还有一个更深层次的问题有助于说明,很多社会理论家何以漠视后工业主义。后工业社会这个概念,承载着 19 世纪进化论思

① 科恩和齐斯曼,《制造业关系重大:后工业经济的神话》(纽约:基础图书出版公司,1987 年)。

② 拟取而代之的更具实质性的术语——**服务社会**、**信息时代**、**控制论时代**等等——有很多,但其中,没有一个反映得了隐含于**后工业主义**的转变的宽度。

想的很多包袱。农业社会、工业社会和后工业社会这个类型学，颇似 19 世纪的很多进化论模式，这些模式，描述了人类社会发展的多个阶段，以说明各阶段如何导致下一阶段。孔德，或马克思，或斯宾塞，用以表征特定人类发展阶段的那些术语，不止是简单的标签而已；正相反，它们是设计出来，用以概括该人类发展阶段的本质特征的。此外，进化的推动力，即强行进入下一发展阶段的压力，与每一个历史阶段的本质特征都有紧密关系。因此，在马克思看来，产生资本主义自己的掘墓人，即革命的无产阶级的，原本就是资本主义本质的组成部分。

当代社会理论中，有很多，都是对这些 19 世纪思想传统的有说服力的批判。尽管通常认为，这些进化模式，继续在常常是无意识地形成我们自己的思维模式，可这些模式，就因为它们的本质主义、它们的乐观主义，和它们的决定论，而受到全面批判了。① 这些理论，往往把一种复杂的社会现实，就归纳为一种本质，但这是非常成问题的做法。人们如何决定何者是本质的，何者是副现象
的？或者换种说法，当代社会科学家，对处理各种智力概念与这些 7
概念据认为应该包含的现实之间那种令人困惑的关系，要自觉一些。例如，“工业社会”这一概念，就是一个有用的抽象名称，它使在其他方面各不相同的社会的共性突出了，但谁也不会指望，这些各不相同的社会，一经冠以“工业”一词，就能为理解属于这一类的所有社会的未来发展，提供最重要线索。19 世纪思想的那种乐观主义，早就由于 20 世纪所经历的灭绝种族的大屠杀、全面战争和残酷的中央集权制政权而荡然无存。此外，当代很多学术成就，对

① 这一批评，是温赫尔在《政治》中阐述的基本主题之一。

隐含于这些进化模式的决定论，都是持尖锐批判立场的。社会安排基本上由经济或文化动力决定这种看法，受到了一大批著作的质疑，它们是强调决定社会发展方向的种种历史偶然性的。

总之，问题在于，后工业理论与社会理论当前的重心所在看来是不一致的。人们曾经认为，它是具有决定论的、进化论的和本质先于存在论的特征的，而其时，这些是都被视为严重的谬见的。有的后工业理论家，尤其是丹尼尔·贝尔，曾试图避免引起这些联想；他直言不讳，指出他提出后工业主义这个概念，原本并无要使人们注意先进社会的内在动力的意思，而是想使之成为可据以计量未来发展的一种“纯理论概念”。此外，贝尔还以其自己提出的文化、政治和经济——都据其自己的独立的“轴向原则”发生影响，而不是一个决定另一个——的论点，对社会理论中当前的反决定论重要性作出了贡献。[1] 不过，贝尔的后工业主义论著还是常被误解，其他的理论家，又直接陷入了按照某种必然的社会发展过程阐述后工业理论的困境。[2] 因此，后工业理论，终至被看成与进化
8 论和决定论假设无法解脱地联系在一起的。

由此可见，后工业理论要实现某种复兴，就必须做两件事。首先，该理论必须以使之与决定论的和进化论的读物断然区分开来的某种方式，再次予以系统阐述。其次，该理论必须具有更丰富的内容；它必须有助于我们理解我们自己的社会以及我们和社会所

---

① 这一看法，是贝尔在《资本主义的文化矛盾》中提出的，它实际上是从《后工业社会的到来》这本 1000 页的手稿中获取而来的。

② 这一批评，也适用于弗雷德·布洛克和拉里·赫希霍恩“新生产力和当代资本主义的矛盾”，收入弗雷德·布洛克，《修正国家理论：政治和后工业主义论文集》（费城：坦普尔大学出版社，1987 年），第 99—126 页。

面临的种种选择。在一个层次上，这些都是相互矛盾的目标。某种理论考虑偶然性的余地愈大，它对行动的指南作用就愈弱。然而，在另一层次，这些似是相互矛盾的目标，又是可以实现的。

再论后工业理论 I

进行这种再次系统阐述时，第一步是要清楚地认识到，社会科学的各种概念，不仅仅是分析用的抽象概念，而且，在从社会生活某种潜在混乱中创造一定的秩序时，它们本身还是发挥重要作用的文化工具。有了这一深刻见解，就可以把后工业主义重新解释为工业社会理论失去价值的结果。

诸如资本主义或工业主义等总概念，都是决定社会制度和社会惯例的发展方向的重要的行动指南。例如，19 世纪建立教育制度时所遵循的那种具体方法，就与有关当时属于何种社会的明确或含蓄的想法大有关系。做到了使自己提出的建议与社会前进方向这一点上公认的观点联系在一起的那些教育改革者，与自己的改革建议同社会科学的总概念相脱节者相比，前者常就出色一些。①

这些总概念，在形成有关各种不同社会制度间“相适应”的相对程度的看法上，起着某种决定性作用。有一个不间断的制度选择过程，人们通过这个过程，根据某些特定原则，改变和改革社会制度；这就是最广义的一个政治过程，在这一过程中，各种不同的

---

① 这些看法中，影响最大的一种，是这样一个概念，即这是一个市场社会，而另外的社会制度，应该有助于提高市场效率。这种看法在第三章予以批判。

9 利益集团，都竞相影响结果。但这些相互竞争的集团的力量均势本身，又是受在此类社会是合情合理的思想的影响的，而且正是在这里，社会理论以帮助形成人们思考特定制度的方式，发挥了重要作用。此外，不论特定社会过去斗争中有过何种遗产，社会理论都能形成有关各种不同社会制度和社会惯例之间“相适应”的观念。既然评价各种制度之间功能关系的程度的“客观”标准有着内在的问题，因此，社会理论也就有把现实说成是一种相适应的现实或者不相适应的现实的相当大的回旋余地。

在19世纪最后几十年和20世纪大部分时期，“工业社会”这个总概念，在美国和其他发达社会，在解释社会性现实中发挥了最重要的作用。正如理查德·巴德姆所写，“在学术话语的有限范围以外，工业社会的标准形象，在确立当代社会同一性和政治纲领中，都起了重要作用。”① 以制造业的效率和规模不断提高为基础组织一种社会，这一想象，对形成社会斗争和社会改革，起了某种样板的作用。例如，在进步党时代，工业社会这个概念，在改变美国制度的努力中，就起到了指导原则的作用。类似地，实施新政时期和第二次世界大战战后初期的各项改革，都是继续以工厂工人居于中心地位这一假设为依据提出并实施的。诚然，是总有与“工业社会”这一概念不相协调的社会性现实的若干重要方面——例如，非洲裔美国人在南部农业中的作用——但工业社会这一概念，还是足以粉饰美国制度的一致性。②

---

① 理查德·J.巴德姆，《工业社会理论》(纽约：圣马丁出版社，1986年)，第3页。

② 这里提出的这个论点，酷似斯科特·拉希和约翰·厄里的论点，后者见于《有组织的资本主义的终结》(麦迪逊：威斯康星大学出版社，1987年)，分析多个先进资本主义社会时，他们区别了“有组织的资本主义”的一个更协调的时期和“陷于混乱的资本主义”时那个不相协调的时期。

但社会科学各种概念解释现实的能力，不是无限的；社会的变
化，可以引起日益引人瞩目，且可使有关现实的公认定义的说服力 10
化为乌有的种种“理论异常”。20 世纪 60 年代出现了难以解释为，或理解为工业社会组成部分的三大社会趋势。每一大趋势，都有悠久的历史渊源，但只是到了 60 年代晚期，它们这才开始构成异常。此外，这些趋势，到了 20 世纪 70 年代和 80 年代，还在继续加速显现。

这几个“后工业”趋势中的第一个，是服务业在经济中的重要性与日俱增，以及商品生产，即制造业、农业和矿业，在就业总量中的重要性不断减小。虽然服务类高度异质，包括极其多种多样的活动类别，问题依旧还是，工厂所在地已不再是就业的主要集中地了。但重要的，还不只是统计事实；60 年代最剧烈的社会冲突往往出现于大学、福利机构和医院等服务机构这一点，才是具有决定性意义的。

第二个趋势，是以计算机为基础的自动化的到来。20 世纪 60 年代它蹒跚来迟，其后则是迅速扩展了。正如拉里·赫希霍恩等认为的，以计算机为基础的自动化，往往既改变蓝领和白领分类下工作的组织，又改变蓝领和白领分类下工作的经验。[1] 尤其是，特有的工作组织“工业”模式，就是给工人严格规定稍加留心即可完成的刻板的重复工作的那种模式，基本上瓦解了。计算机化对工人的技术水平究竟产生何种影响，还在激烈争论中，但有充分证据表明，这种新型工作，工人其实要比以往更加全神贯注，才能胜任得了(第四章还要详述这个问题)。

---

① 赫希霍恩，《机械化之后》，第 113－169 页。

第三个趋势，是男性统治的衰落和线性生涯的解体。早些时候以大多数妇女限于家务领域为基础形成的女性从属模式，已经让位于妇女大规模进入有偿劳动者行列。与此变化一起发生的，是对以性别为基础形成的社会不平等的全面批判。虽说这些不平等中，有很多至今犹存，然而，谈及妇女角色新近变化中的文化重要性，也难说就是夸大其词。

11 此外，男性统治的衰落是与成年人生涯的其他变化联系在一起的。男性的一生，一度是按照“一个职业，一次婚姻规则”安排的；男性被认为应该终生就与一个人结婚且不改变职业。[①] 职业生涯历程的轨迹，往往就是呈线性的；男性的一生，是认为必须从受教育开始，而后工作，再就是退休，其间既不间断，也不可逆转。随着离婚率提高，中年生涯变化成为寻常事，这一模式垮掉了——婚姻和职业生涯均告易变了。现在，男女双方，都可能在其一生的任何时候加入或离开劳动大军，教育和培训的作用，即使对 25 岁以上的人来说，也大为递增，就连退休的意义，也开始改变了。两相结合，妇女角色的改变和线性生涯的衰微，从根本上改变了个人成年期的经历。[②]

每一种趋势，都彻底改变了长久以来确认为对于工业主义是

---

① 西摩·萨拉松，《工作，年龄老化和社会变革：专业人员和一辈子一种职业的规律》（纽约：自由出版社，1977 年）。

② 性别角色和成年期生涯的这些变化，是与这样一种敏感性与生俱来的，就是认为，人应能随自己的需要而自由发展自己的能力。这种敏感性的不利结果，一直是下列论著的主题，丹尼尔·贝尔，《资本主义的文化矛盾》；克里斯托弗·拉希，《孤芳自赏的文化》（纽约：诺顿出版社，1978 年）；罗伯特·N. 贝拉，理查德·马德森，威廉·M. 沙利文，安·斯维奥勒（Swioler），和史蒂文·M. 蒂普顿，《内心的习惯：美国人一生的个人主义和奉献》（伯克利：加利福尼亚大学出版社，1985 年）。

必不可少的模式，后工业理论最初是由丹尼尔·贝尔等人提出，以解释社会发展的这些不连续性。“后工业社会”是这样一个历史时期，它是在工业社会这个概念不再能适当解释现实社会发展的时候开始的。这个定义旨在指出在思想和认识层面上发生的那种关键变化——也就是，我们失去了理解我们自己的社会的一个有说服力的总概念。

给这个后工业时代下定义的这种方法，有两个特殊优点。首先，这样一个定义，没有假设存在这样一种理论，该理论阐述社会如何构成，或是何种社会动态是极其重要的。即使不存在一个解释为什么那些“后工业”趋势业已出现的理论，人们也能认识到社
会已经进入一个后工业时代了。总之，后工业理论，不必与历史变 12
迁问题上的唯物主义和唯心主义理论之争中的一种立场或另一种立场结合在一起。

其次，这个定义强调了下列事实，即后工业主义，是一个过渡时期，在这个时期，解释这是何种社会和这应该是何种社会，是具有特殊的紧迫性和强烈性的尝试。这是人人可以讨论社会组织的基本问题、社会可能经历政治意识形态激变的一个时期。经济自由主义失宠之迅速，即为这种激变的一例。在这个过渡时期，能想象出工业主义之后到来的是何种社会的人，在竞相设计社会的各种制度上，将有额外的优势。

再论后工业理论 II

阐述后工业问题的这种方法，解决了一个问题，但没有论及另一个问题。后工业理论，要增进人们对他们所处的社会的认识，就

必须不只是声称，社会发展中存在严重不连贯的问题，这种不连贯削弱了以前的思维方式的基础。后工业理论还必须着手描绘出正在出现的后工业社会模式和特有的冲突，以便人人都既能明白他们面临的形势，而且能相应改变他们的行为和期望。然而，这是老调重弹的悖论。如果不返回各种决定论的构想，这种描绘进行得了吗？那些构想，是想当然地认为未来各种情况都已经以萌芽形
13 式存在了。而且，就连这种描绘的发展，也可以看成是旨在取消种种历史可能性，而这些可能性，原本或许还是敞开的。

不过，创建社会理论，从来都是一种政治行为；在分析社会制度如何运行，分析个人在特定情况下如何作出选择时，都隐含有价值立场。因此，不可能作出某种纯粹客观的尝试，以描绘出正在出现的社会秩序的模式。这并不是说，任何一种拟议中的描绘都与另一种一样好；各种不同的描绘，或多或少都会有助于理解各种不同人群的经历，他们会竞相对社会现实作出适当的解释。

但有一套方法，采取这套方法，就能既把主观主义这个问题减少到最低限度，又能把草率取消历史可能性这个问题减少到最低限度。采用这种方法有三个步骤。首先是仔细考察社会生活中可以观察到的种种实际趋势和模式，同时又要力戒抽象地凭直觉发现一种设想出来的后工业未来的基本组织原则。这里的意思，无非是描绘出社会生活中正在出现的种种变化。这个步骤，有隐藏的困难，因为人们总会把短暂的现象当作新的社会安排的前兆。此外，社会变化的发生是时空不平衡的，在社会生活的有些领域，就连发现新型的社会组织甚至都是做不到的。不过，设法用源自经验领域的分析建立后工业社会的理论，似是唯一可能富有成果的方法。

第二个步骤，是但凡合适，就说明，这些观察得到的社会组织模式，与已经使工业化时代社会生活井然有序的那种范畴体系，有哪些不一致之处。[①] 例如，有关线性生涯历程衰落的分析，就说明，能够或愿意按既定路线筹划其成年期的人，是多么少。[②] 对自动化工作场所的研究证明，随着工作与学习愈益难以截然分开，作为在各不相关的制度化竞争场所进行的彼此分离的活动，工作与学习之间的历史区别日趋消失了。[③] 这种分析的目的，是表明原有范畴的不足之处及其已成过时范畴所致的积极和消极后果。由于现时的社会行动，已不是既定范畴所能解释清楚的了，这种行 14
动，也就同时既为人的创造力和发展提供了可能性，又在其间造成了困境和混乱。[④]

第三个步骤，是合乎规范的各种事项成为能起支配作用的一个步骤；任务是，构想出组织制度化生活的新范畴和新模式，这种范畴和模式，能使这一过渡的消极后果减至最小，又使其积极后果增至最大。因此，发展的生涯这一概念，从理论上说，就成了超越线性生涯分类的一种方法，有关自动化工作环境的研究，就引发了关于能使工作与学习有效结合起来的制度安排的讨论。

---

① 范畴所起的作用，不尽完善；总有例外和反常现象，更何况还有个人或数据，是处理起来，对据认为何处为其适用之处，必有某种曲解的。不过，这里的论点，是这些范畴体系不尽完善的程度和明显性，在不同时间，形式有变化。

② 参看拉里·赫希霍恩，“社会政策与生命周期：一种发展观点”，载《社会服务评论》第51卷第3期（1977年9月）；布洛克和赫希霍恩，“新的生产力和当代资本主义的矛盾”。另见卡门·西里安尼，“后工业社会的时间自我管理：朝向一种民主的选择”，载《社会主义评论》第88卷（1988年10—12月），第5—56页。

③ 赫希霍恩，《机械化之后》。

④ 在描写后工业时代传统政府官员的这种心理学影响时，在起作用的这种方法的一个有影响的例子，参看赫希霍恩的《工作场所范围内》。

按照这些思路进行的一系列研究工作，与 19 世纪思想家提出的那种统一的社会理论或许并不一致。然而，这些工作合起来却可以充分而有力地描绘出社会图景，这种社会图景可以揭示社会对于个人和群体而言的意义，使个人和群体理解他们有关历史过程的个人烦恼。[1] 这些工作，还会为重建社会制度的政治活动标示出一系列可能性。

本书旨在利用这种方法，对经济生活进行这样一种后工业分析。选择经济生活，并不是因为我相信经济决定其余的社会生活。事实上，本书的很大一部分，对新古典经济学和马克思主义把经济看作社会的一个独立，且具决定性作用的领域这种倾向，提出了异议。我也不认为后工业社会的出现决定性地取决于经济变化。我没有对文化、政治、社会和经济等力量，在创造一种后工业社会中的相对作用，持断然立场。这些力量都重要，要说有什么区别的话，那就是最关键的要数政治，因为人们对他们生活于其中的何种社会的政治理解，影响着他们是动员起来还是未能动员起来实现一定目标的程度。

对经济的各种变化所作的这一分析，是通过评论新古典经济学各主要范畴展开的。新古典经济学的形成，系旨在理解某种特殊的工业经济，但新近的趋势，无论就新古典理论说，还是就尝试应用该理论于其日常生活的人们说，都造成了严重反常。

某种既定经济传统应付不了历史变化，这有历史先例。工业革命后，重农主义经济学传统几乎丧失殆尽了，古典经济学家把他

---

[1] 这是当今对社会性规划的经典定义，系 C. 赖特·米尔斯的著作《社会学的想象力》详尽阐述的(纽约：牛津大学出版社，1959 年)。

们的体系建立于完全不同的基础之上。本书所持的论点是，要想理解后工业过渡时期的经济，就必须对经济思想进行类似的激进改造。

既然业已指出某种经济理论逐渐在社会理解自身中起主导作用了，对现代经济学某些中心概念的某种批判，也就具有重要政治意义了。诚然，经济学家并非一个匀质的群体；他们对诸如平衡联邦预算有多么重要，取消对市场的规制应强调到何种程度等经济和社会政策重要问题，都是各有各的立场的。不过，美国经济学这个学科内部，还是有广泛一致的领域的，例如，都看好市场配置，重视有形资本投资以谋增加产量，赞同雇员必须听从雇主，等等。①

不过，如果这种种一致的经济观点，是建立于现已不再稳固的工业基础上的话，那么，就有正当理由，对这个社会应该如何创立经济制度作一根本反思了。就像影响多种不同领域的决策的很多具体假设应重新予以考虑一样，以前因与经济合理性相悖而遭抛弃的种种改革，也应予以重新考虑。组织经济生活的崭新道路，应 16
是畅通的。

本书确认，新古典经济学的核心地位，已被种种后工业趋势削弱，因此，现在是迫切需要建立一种新的经济思想框架了。遵循新古典传统形成的四个关键概念，即市场、劳动、资本和国民生产总值，将一一详加批判。然后，再根据这些批判，概括一种可供选择的考虑经济政策问题的框架。

---

① 当然，经济学内部有持异议者，他们对这些一致的因素，均持异议的立场，但他们影响相对有限。

国际视角下的后工业主义

但在开头时，还必须先就各国社会与国际经济之间的关系略说一二。本书其余各章详尽阐述的内容中，有很多，几乎完全都是集中谈美国国内经济的。在很多分析者都在强调世界经济日益国际化的一个时期，这是一种惹人注意的省略。世界很多大公司都管理着在多种多样国家经营的子公司，而某个国家的国际贸易差额和国际收支差额呈现的趋势，将对其国内经济和国内政治产生重大影响，这几乎是毋庸赘言的。

这项研究所以不谈这些趋势、专就国内经济进行分析，部分动机，也就是有必要使一项原就要求过高的研究，易驾驭一些。不过，突出该研究项目的侧重点，是也有几个智识上的正当理由的。

一个理由，是理论上的；它以有别于传统观点的、使国际经济概念化的一种方法为基础。按照传统观点，国际经济逻辑上必然是先于国内经济存在的；各国经济，都不等程度地受制于商品和服务、资本以及（小一些程度上）劳动等国际交易动态的压力和约束。这一观点倾向于将世界经济自然化——亦即视之为有其自己的独立于政治以外的生命。支持这种观点的人都承认，各国都将通过
17 设置关税壁垒，或补贴对外贸易，干预世界经济的动态，不过，这些措施都被概念化为对经济领域的政治干预。

另一种观点是，世界经济的具体结构，亦即决定国际经济交易的博弈规则，是由民族国家间的政治谈判和冲突形成的。各国内部和各国之间政治力量的均势，不仅形成，而且能改造国际经济的结构。此外，各国在决定这类规则的性质方面，也有很大的自由；

国家参与影响货流和资本流的水平，可以是大相径庭的。

在第二次世界大战以来这个时期，美国在型塑国际经济博弈规则上发挥了主导作用。[①] 美国影响的具体方向，又是既由国内各种不同的社会和政治参与者的相对实力，又由主导政策辩论的对经济的理解，决定的。若是美国国内对经济的理解和社会力量均势两者都彻底改变了的话，那么，美国对国际经济结构的影响就可用以重塑这些规则，这似乎是可能的。虽说美国必须赢得他国对这种改变的支持，但有充分理由认为，美国会在长期以来一直对现状不满的国家中找到自己的盟国。

这一点，举一个具体例子，即可看得很清楚。现行规则允许极高程度的国际资本自由流动，这是公认的。巨额储蓄，几乎瞬时即可从一个国家转移到另一国家。这种转移，对各国旨在稳定汇率的努力和货币政策的效果，都可能产生严重的破坏性影响。此外，大规模资本外流的威胁会阻碍各国政府推行某些国内改革，而这种改革，直言不讳的国际工商界，原本就是反对的。问题在于，国际资本流动的这种高度自由，并非世界经济的一种必要和必然的特色。事实上，即令西欧第二次世界大战后的经济奇迹，直至 18
1958 年，也还是在一种外汇管制制度内发生的，这种管制限制了国际资本的流动性。随着美国政策的重大转变，各国会签订国际协议，采取措施对资本自由流动施加新限制，这种措施会使各国政府对其国内经济获得更多的控制。

专注于国内经济的另一原因，是有着经验主义性质的；国际化

---

① 对这个论点的详尽阐述，参看弗雷德·布洛克，《国际经济无序的起因：从第二次世界大战到目前的美国国际货币政策研究》（伯克利：加利福尼亚大学出版社，1977 年）。

的理论家们，夸大了美国政策选择受制于国际经济竞争的程度。关注国际化的那些人强调美国企业把生产设施转移到国外，特别是转移到第三世界低工资区的这种趋势。在某些产业上，这种态势是有充分的证据证明的，但有两点常被忽略了。首先，制造业国内就业机会的减少，在很大程度上应归因于自动化，而不是归因于生产转移至第三世界。① 其次，现在有一种与制造业就业岗位输出相反的重要趋势。正在转向更先进生产技术的企业，现在认为在美国建立生产设施是经济之举，因为人工成本占总成本比重微不足道了。② 此外，美国日趋使用日本强调的适时获取零部件的存货管理方法，这一情况，也对生产全球化产生不利影响；采用这种方法，是需要密切监督邻近的供货商的。③

国际化理论家还把美国日益加大的贸易逆差当作进一步的证据，证明美国经济处于第三世界低工资的经济压力之下。不过，对美国工业品贸易所作的分析表明，美国的大部分进口，都来自生活水平大致相当的其他发达资本主义国家。来自第三世界的进口，
19 仅以服装纺织品一类低档商品为主。④ 美国贸易平衡问题，反映在尖端工业品生产上，美国一天比一天难与西欧、日本竞争了。然而，这些困难，与诸如工资水平等纯粹经济变量关系较少，而与管理创新等制度安排的优劣关系较多。

---

① 这一结论，建立于国内制造业人均每小时产出，与第三世界制造业就业增长的趋势的一项比较的基础之上。

② 这种趋势，在服装业还要明显，参看“为什么美国制造款式过时”，《商业周刊》，1988年11月7日，第116—118页。

③ 理查德·J.舍恩伯格，《世界级制造业：简单性应用上的教训》（纽约：自由出版社，1986年），第163—164页。

④ 相关数据，见布洛克，“对福利国家政治经济学的反思”，第141页。

然而，就连这个国际贸易竞争问题，也很少有人能正确地加以理解。现实是，住房、保健、餐饮和运输等类服务，构成美国消费者购买的东西中日趋扩大的主要份额了。[①] 正是依据这些消费服务中的大部分的性质说，它们是与国际贸易隔绝的；它们只能在国内生产了。因此，制成品的激烈国际竞争，体现的是一种对消费者美元递减份额的争夺。既然国际贸易的商品代表消费总量中某种递减份额了，转向服务，也就意味着这些发达经济，在某些方面，随着时间推移，实际上已变得不如以前国际化了。

总之，随后几章的分析，是以这样一个论点为依据的，亦即就美国国内经济结构而论，国际经济所代表的，是不如一般人以为的那么重要的一个制约因素。首先，在形成国际经济交易现行博弈规则方面，美国既然起着一种超乎寻常的作用，设想美国有能力使那些规则发生重大变化，也就似乎是有道理的。其次，涉及国际贸易竞争压力的争论，常常忽略了绝大部分竞争来自其他发达国家这一事实。再者，生产过程的发展，常对低工资生产平台输出就业岗位产生不利影响。最后，服务与日俱增的作用，对愈演愈烈的商品生产国际竞争起着某种平衡钟的作用。

内容概要 20

第二章将奠定对各种经济范畴加以批判的理论基础，说明经济社会学传统，可怎样用以对经济学家和其他理论家将经济“自然化”的倾向——亦即视现行经济安排为自然的和必然的那种倾

① 及至1984年，服务已占消费者采购总额59.1%。同上，第145页。

向——提出异议。紧接着的四章，分别详细批判市场、劳动、资本和国民生产总值等概念。第七章把这些批判汇集起来，详细阐述制定经济政策时可供选择的另一种方法，亦即建立一个以质量优先增长为中心组织起来的社会。

第二章　经济社会学

本章是为随后各章对经济学各个范畴所作的批判打基础的。这种批判源出经济社会学传统，而作为一个重要学术研究领域的经济社会学，又只是近年来才重新出现的。它为汇集马克思主义者、制度经济学家、社会学家等对现代经济学所作的很多批判，提供了一种强有力的方法。

这里，对经济学作了两种不同，然而又是相互联系的批判。首先，是对新古典经济学的方法论所作的一般评述，也就是，新古典经济学从未就它试图分析的经济，提供过一种至少是差强人意的理解。其次是一种历史评述，强调指出，种种后工业趋势，已经严重削弱了新古典经济学几个关键范畴的基础。近年来的事态发展，已使经济学方法长期存在的缺点暴露无遗，适足以证明这一点。

经济学方法批判

新古典经济学的方法论，建立在两块基石之上。首先是这样一种想法，就是经济从分析上说是一个独立的社会领域，它可以依据其自己的内在动力予以理解。经济学家完全知道，经济行为受政治和文化影响，但他们把政治和文化看作外源因素，是人们建立

某种聚焦于纯经济因素的框架时,不予考虑也绝对不会错的。就像物理学家最初计算一个单位的某种物体能多快落到地面上时,
22 忽略风和雨等因素的影响那样,经济学家也会专就理论上最重要的变量,亦即经济内在的那些变量,先行论述的。

第二个关键基础是这样一个假设,即:人们一举一动,总是理性的,谋求效用最大化的。这里,经济学家又是敏锐地意识到,人们是会非理性行事,或是追求效用最大化以外的目标的,不过,如果下工夫识别出了一个经济的核心动力的话,那么,排除这些偏离理性原则的行为的这种战略,又可以证明是正确的。同有关外源因素影响的研究一样,经济学家直至弄清了经济活动参与者究竟会如何行事后,才会着手探讨有违理性的行为。

边际主义经济学,就是根据这两个基础,建立其宏大结构的,即一个自我调节的市场模型,使产品、劳动和资本的市场交易综合协调的一种模型。因为所有商品,包括劳动和资本在内,都是在竞争的市场上由关心效用极大化的参与者买进和卖出的,因此,价格变动就将使供求保持平衡。无数交易受价格机制调节的结果,会是所有资源都得以尽可能最有效利用的一种一般经济均衡。

这种模型极具影响,因为在它描述的经济中,效用得以极大化,资源又实现了最优化利用。此外,该模型还是动态的;它具有应变能力。当受到某种冲击,诸如以一半劳动即能生产出某种典型小产品的技术创新出现时,导致均衡的机制就会发挥作用以恢复秩序。遭顶替的工人的成本会下降,该典型小产品工业所增利润会用于再投资,两相结合将意味着,一些企业家会使失业工人复工,生产某种不同的产品。

该自我调节的市场模型有多种问题。首先,进行一般均衡模

型的数学运算，就遇到了严重阻碍。[1] 但这里的主要问题，与其说 23
是自我调节的市场模型，还不如说是其方法论基础。经济社会学，对经济学家采用的基本解释策略有异议。

经济社会学的传统，反对这样一种看法，就是经济从分析上说是一个独立的社会领域，有其自己的内在动力。[2] 正相反，它认为，经济交易是不断受社会、政治和文化等因素决定和影响的。人们对实现效用最大化的种种偏好，例如，钱多一些与闲暇多一些比较而言价值孰大孰小，或者有一辆新车与有一个新厨房比较而言价值孰大孰小，人们如何掂量再三，就是明显的例子。经济学家认为，这些偏好是由外因形成的；这些偏好又确认是具有社会性的。但大多数经济分析都按照这样一种假设进行，这就是，不论这些偏好如何形成，它们都很快就固定不变了。如果价格机制要使供求达成某种稳定的均衡的话，这就是一个必要的假设。然而，有充足的经验证据表明，人们会作出种种努力来使这些偏好每天都发生变化；广告的主要目的之一就是如此。再者，还可以想象，在多种情况下，人们会为了对别人的行为作出反应而改变自己的偏好，这一点凡勃伦早在分析炫耀性消费时就已强调指出了。[3] 事实上，偏好的改变，常有这样一个策略特点，就是人们有意改变其偏好，以赢得对他人的相对优势，就像有身份的群体弃用一款服装或家

---

① 弗兰克·哈恩，“一般均衡理论”，收入丹尼尔·贝尔和欧文·克里斯托尔编辑，《经济理论的危机》(纽约：基础图书出版公司，1981 年)，第 123—138 页。

② 内有对这两种传统明确对比的，一项有价值的经济社会学新近重要的全面研究，参看理查德·斯韦德贝里，“经济社会学：过去与现在”，载《通用社会学》第 35 卷，第 1 期(1987 年春季)，第 1—221 页。

③ 索尔斯坦·凡勃伦，《有闲阶级理论：制度的经济学研究》(1899 年，再版，纽约：导师图书，1953 年)。

具,是因为它太“普通”了。就连较为缓慢发生的偏好的改变,例如,已婚妇女就有薪工作和家务劳动所作的相对排序的改变,也会产生影响很大的结果,以至于把它们排除在分析之外会是愚蠢之举。

经济交易显然由社会因素决定的另一例子,是劳资关系。遵
24 循新古典传统进行研究的经济学家有时断言,是工人雇用资本家还是资本家雇用工人,这无关紧要。[1] 边际主义理论认为,劳动和资本这两个生产要素获得的报酬,都是与其边际效用获得相称的。既然价格是在竞争的市场确定的,作为资本家也就无固有优势可言。

不过,这种见解日益受到严厉的批评,因为分析人员认识到,雇员能改变其出工出力的强度。[2] 劳动强度上的这种变化,使工作场所的社会关系,成了决定效率的一个主要变量,经济投入是凭借这种效率转变成产出的。不过,边际主义传统经常忽视影响出工出力强度的各种因素。

此外,正如涂尔干所强调的,就连合同本身——任何经济交易的一个基本要素——也是以非合同因素为基础订立的。[3] 买卖双方,在他们可能就条件达成一致前,都需要有某种文化上的谅解。

---

① 巴罗·萨缪尔森,“工资与利息:马克思主义经济模型的现代分析”,载《美国经济评论》第47卷(1957年12月),第884－912页,援引自塞缪尔·鲍尔斯,“竞争经济的生产过程:瓦尔拉,霍布斯和马克思主义的模型”,载《美国经济评论》第75卷第1期(1985年3月),第16－36页。

② 参看鲍尔斯,“竞争经济的生产过程”;乔治·A.阿克洛夫,和珍尼特·L.耶林(Yellen)《劳工市场效率工资模型》(剑桥:剑桥大学出版社,1985年)。

③ 埃米尔·涂尔干,《社会分工》(1893年;1933年出英译版,再版,纽约:自由出版社,1964年),第200－219页。

法律制度也在影响这些交易上发挥了关键作用。产权和所有权，有各种不同的可能的法律概念，因此，具体的法律制度，将影响所发生的交易的性质。法律制度还确立万一出现违反合同的情况，双方都有赖以挽救的办法，而这是对经济参与者行为的又一种影响。

对于新古典经济学的第二个基础，也就是人们采取理性行为、以实现效用最大化这一假设，也可以表明相似看法。有一类论点认为，“经济人”这个很多经济分析所依据模型，本身就是社会安排的一种结果。卡尔·波拉尼强调指出，是文化设定了个人行为的 25
目的，而后这些目的又嵌入了社会安排之内：

> 挑选出你所喜欢的无论什么动机，并按此组织生产，使该动机成为诱使人们从事生产的动因，你就会得到一幅人们完全沉迷于那一动机的图景。姑且假设那个动机是宗教、政治或美学方面的；假设它是自豪、偏见、爱或妒忌；从本质上说，人类似乎就是笃信宗教的，对政治感兴趣的，具有审美趣味的，有自豪感的，有先入之见的，不是爱之切就是恨之深的……
>
> 事实上，只要是事情有了相应的安排，人类劳动的理由就会是五花八门的。[①]

这里的要点是，抬高物质上的个人利益，使其压倒其余所有的

---

① 卡尔·波拉尼，《原始、古代和现代经济》（纽约：道布尔戴，锚图书公司（Anchor Books），1968 年），第 68 页。

动机，这本身就是一种文化过程的结果。

另一组批评，是强调个人理性那种成问题的性质的。赫伯特·西蒙用了**受限理性**一词描述“故意有理性的，但只是有限如此而已的”行为。[①] 问题在于人们通常缺乏信息、计算技能和以完全凭理性采取行动的时间。在这种情况下，他们会竭尽所能地做得最好，但这或许与经济模型所能预测的完全不同。此外，奥利弗·威廉森也强调指出，有鉴于存在复杂性和不确定性等条件，有限理性与完全理性之间的差距，可能是大得惊人的。[②]

再就是，也有近作强调，何谓个人的理性行为，这在相当大程
26 度上取决于所处的环境。[③] 例如，马克·格拉诺维特就强调，采购代理商，按尽可能低的价格进货或许似是更为理性的，然而，一个企业，出于与供货商之间结成良好关系的需要，或许表明根本就得实施另一种采购战略也不一定。[④] 博弈论领域的著作有类似结论，这些著作，探讨了形式理性与实质理性之间的紧张关系。例如，在一种囚徒困境博弈[⑤]中，参与者对个人利益的理性追求，通

① 赫伯特·A. 西蒙，《行政行为：行政组织决策过程研究》（纽约：麦克米伦出版公司，1947 年），引自奥利弗·E. 威廉森，《市场和等级系统，分析和反托拉斯含义：内部组织经济学研究》（纽约：自由出版社，1975 年），第 21 页。

② 威廉森，《市场和层级体系》，第 22－23 页。经济理论中的理性问题详论，参看杰弗里·霍奇森，《经济学和制度：现代制度经济学宣言》（费城：宾夕法尼亚大学出版社，1988 年），阿米塔伊·埃齐奥尼（Amitai Etzioni）《道德方面：朝向新经济学》（纽约：自由出版社，1988 年）。

③ 另见阿马蒂亚·K. 森，“理性的傻子：评经济理论的行为基础”，《哲学与公共事务》第 6 卷第 4 期（1977 年夏季），第 317－344 页。

④ 马克·格拉诺维特，“经济行为与社会结构：蕴蓄问题”，《美国社会学杂志》第 91 卷第 3 期（1985 年 11 月），第 481－510 页。

⑤ 在囚徒困境博弈中，囚徒可有两种选择，使另一个牵连其中，或一言不发。每个人都得在对另一人会怎样行动一无所知的情况下作此选择。

常会导致对参与者而言令人不快的结果，或实际上是非理性的一种结果。不过，业已证明，这种博弈重复数次，乃至参与者都意识到，他们对个人利益的追求是发生于某种继续存在的关系的情况下时，他们便能提出，就其结果来说，是理性的策略了。这一结论很重要，因为它强调，人们置身于那种继续存在的关系，在使人们能理性地行为这一点上，是极其重要的。[①]

对新古典经济学这两个方法论基础的这些批判，对一种在分析上把经济与社会其余部分分开来的方法表示了异议。更为重要的是，这些论点强调了经济论证的这样一种趋势，就是使经济“自然化”，亦即把具有具体历史和背景的经济安排，看成节约稀缺资源这一需要的永恒产物。一种漠视经济行为的社会、文化和政治等决定因素的方法，导致的是这样一种分析，这种分析，是不顾史
实的，而且借助于同义反复，不断地重新发现纯经济动机的中心地 27
位的。

这样一种使经济自然化的趋势，在自亚当·斯密以来的社会思潮中，起到了某种主要的作用。正如波拉尼认为的，自由主义传统和马克思主义传统的标志都是信奉“经济主义谬误”，亦即相信，社会演变主要由是谋求效率，或更大利润一类的经济因素决定的[②]。

---

① 还要带根本性的批判，是集中于理性行为这一点，忽略了出现于包括经济在内所有社会环境下的各种各样不合逻辑、失去理性的行为。对社会学传统忽略不合逻辑和失去理性的讨论，见艾伦·西卡，《韦伯，无理性和社会秩序》（伯克利：加利福尼亚大学出版社，1988 年）。

② 卡尔·波拉尼，《大转变》（1944 年；再版，波士顿：灯塔出版社，1957 年）。波拉尼的其他论著，见弗雷德·布洛克和玛格丽特·萨默斯，“超越计量经济学谬误性：卡尔·波拉尼的全面的社会科学”收于西达·斯科奇珀尔（Theda Skopol）编辑，《历史社会学的看法和方法》（剑桥：剑桥大学出版社，1984 年），第 47－84 页。

根据追求经济利益是人类的自然倾向这一信念,上述“经济主义谬误”设想,中产阶级社会不会像原始社会或现代社会以前的社会那样拥有文化。事实上,这一直是有关现代性的牵强附会的想法之一;我们的制度被认为是按照实践理性的要求形成的,而不是由根深蒂固的但未经省察的集体信念形成,后者,也就是人所共知是在文明程度低一些的社会居于支配地位的集体信念。但一旦我们认识到,追求经济上的自身利益本身就是一种文化创造时,那么,显而易见,我们也是受根深蒂固的但未经省察的集体信念支配的。

马歇尔·沙林斯,通过详尽阐述资产阶级社会是一种人类学文化这种见解,对自然化经济的种种趋势,进行了这一批判。[1] 例如,他认为,我们的社会对衣食的选择,尽管常常有人从工具主义的角度予以辩护,却不能理解为实践理性的付诸实施。哪一种动物可食用,哪一种不可食用,以及何种衣服适于穿,我们对这一类问题的看法,涉及人类学家发现的在现代化前人们中就有的同样一类复杂的分类方案。

这些论点很成问题之处是,社会在形成其经济制度时所具有的自由程度。例如,在分析狩猎者和采集者部落时,我们可以计算出确保部落拥有足以实现其自身再生产的食物和其他资源的起码劳动总量。这个劳动总量,就代表某种经济需要之基础。然而,人
28 类学证据又清楚表明,解决这一需要的方法是多种多样的;有各种不同的组织分工的方法和各种不同的计算方法。事实上,在这种社会,经济需要并不预言这种社会的实际社会安排,这在现在已是

---

① 马歇尔·萨林斯(Sahlins)《文化与实践理性》(芝加哥:芝加哥大学出版社,1976年)。

公认了的。

不过，在分析复杂的社会时，人们往往认为，制度安排是听命于经济需要上的考虑的。这极具讽刺意味，因为大多数发达社会，与生物学需要相隔绝的程度，都远甚于部落社会，因为发达社会通常都有大量食物储备了。可见，与部落社会相比，发达社会在形成分工上，余地应该是更大的。

不过，这一潜在自由，通常被以“虚假需要”为基础的论点搞混淆了，这种论点，是牢固建立于一种自然化的经济观点的基础上的。[①] 这种论点采取的论证方式是，经济安排的某种改变，将导致效率大大降低，从而社会的整个生活水平大幅度降低。例如，干预市场配置，或是干预现行一整套经济刺激，就常说成有这种可怕后果。这种论点，从无视经济行为文化背景的一种“自然化”经济观点那里，赢得了其貌似有理性。

避免这种自然化趋势的一种更符实际的观点，倒是会证实，有多种不同的制度配置，这些制度配置，能产生类似的或者比已经取得的还要高的产出水平。事实上，经济史已使我们知道，后发展国家常为早发展国家发展出经济制度的“功能替代”，而且这些功能替代，还常证明是优于它们所替代了的东西。[②] 事实是，在形成其 29
经济制度上，先进社会具有的余地比部落社会的，还要大一些，甚至在社会成员都坚决致力于产出最大化的情况下，也是如此。建

① “虚假必然性”这个概念对罗伯托。昂格尔来说极其重要。见罗伯特·曼加贝拉·昂格尔，《虚假必然性：激进民主政治贡献中的反必然论社会理论》（剑桥：剑桥大学出版社，1987 年）。

② 亚历山大·格申克龙，《历史视野中的经济落后》（麻省，剑桥：哈佛大学出版社，1962 年）。

立经济制度时可资选择的范围，要比“自然化”经济学所表明的，宽广得多。

对经济制度的顾及其背景的一种观点

取代自然化经济的方法，必须对历史环境极其敏感，必须意识到传统分析中常常忽略的“背景”因素，而且必须认识到概念理解对决定经济行为的重要性。

卡尔·马克思的著作，仍然是经济安排具有历史偶然性这一论点的主要来源之一。古典经济学家，因为有想当然地认为他们确定的经济模式会永存的那种倾向，而不断受到马克思的批判。他对商品的盲目崇拜所作的分析，就是直接抨击在经济安排上所持的自然化观点的。他承认，在资本主义内部，当把抽象的市场力量看作是决定价格的力量时，人们之间的社会关系，也就采取了事物之间的那种可怕关系。他强调指出，由于人们忘记了经济制度是可用多种不同方式予以再创造的社会创造物，这种趋势遂使改变现行安排更难了。

然而，尽管此说有理，可它的基础，还是因为马克思思想的另一方面，而被削弱了。他下工夫确认资本主义生产方式的基本动力意味着，他也创建了对它自身历史局限性不够敏感的一个理论框架。[①] 在设法识别资本主义经济的“运动规律”时，他终于还是
30 使他原要加以批判的东西自然化了。因此，随后的几代马克思主

① 困扰马克思主义思想的一个相似问题，是历史唯物主义的方法这个问题，是就像卢卡斯(Lukacs)以为的那样，是资产阶级社会所特有的，还是对历史上各种社会都适用。见萨林斯(Sahlins)的讨论，《文化与实践理性》，第17—18页。

义者，都得冥思苦想这样一个棘手的难题，就是如何使资本主义社会制度结构的那些明显变化，如国家作用的加强和工会的兴起等，与马克思所说的资本主义经济的基本动力相一致。问题在于这样一个概念，就是不论资本主义经济的具体制度安排怎样改变，资本主义都具有一种将继续存在的超越历史的本质。

探求马克思有关经济制度历史偶然性的深刻见解的一个方法，是彻底弄清决定经济活动的那些“背景条件”。这些条件，只有从经济分析的观点看才具有背景性质，因为经济分析常把它们归并为**假使其余情况都相同**这一类。不过，如果这些背景条件变了，它们也就彻底颠覆了假定它们不变的一切分析的基础。

有一个重要例子，经济学的女权主义批评家使之引人注目了，这些批评家强调的是，妇女和其他从事无偿劳动家庭成员所完成的非市场工作，对市场经济的重要性的。[①] 很多传统经济分析都干脆假定，此类无偿劳动将会非常丰富，将使家庭能够生产和再生产劳动力。撇开业已导致妇女从事这些无偿工作的那种复杂的社会和文化安排，经济学家也就能建立有关劳动力市场运转的相对简单模型了。然而，当这些背景条件一有改变，例如，当妇女在家从事无偿劳动意愿减少时，那些简化的劳动力市场模型，也就陷入混乱了。

法律规则和执行机制，是大多数经济分析中都假定不变的另一“背景因素”的例子，但这些因素，也都是易变的。莫顿·霍维茨的经典研究《美国法律的转变，1780—1860》[②]就证实，法院19世

① 见斯韦德贝里的援引，“经济社会学”，第182—187页。

② 麻省，剑桥：哈佛大学出版社，1977年。

纪如何重新界定财产权是具有重要经济意义的。类似地，各种不
31 同的劳工法制度，对劳资双方的相对权力也有重要影响。而且假如法律规则是重要的话，那么，形成实施这些法律规则的尝试的因素，显然也是重要的。例如，斯蒂芬·马尔格林就认为，一定程度上，工厂的兴建，即可理解为是实施现行所有权规则的一种技术。① 在有分散的家庭小工业时，生产者是能从商人那里一点一点地偷窃相当多原料的，但集中的工厂，使得制止这种偷窃容易多了。

另一类“背景”因素，是经济参与者所持有的信念。尽管想象这些信念与个人的自身利益简直完全一样，有诱人之处，然而实际情况却是，经济参与者本身，就能形成他们对个人利益的看法。例如，信念形成了个人对一类产品还是另一类，或是对闲暇还是钱的偏好；信念规定参照标准，人们据此而着手极大化效用。类似地，信念还使经济参与者形成预期，而这些预期，业已被确认为经济分析的一种关键变量了。有关未来的预期，形成诸如投资水平等宏观经济变量，但这些预期，又是受其他信念影响，例如，坚信某种预测特定行为的特定后果的经济理论，就会对这些预期产生影响。这种“理论”，或多或少可能是“科学的”，或者从学术上说是可尊崇的，但它们归根结底是具有重要影响的。

信念形成经济参与者的观点的最引人注目的方法，也许是借助于会计的作用。既然会计的重要性常被忽略，因此，对此作一详述，是值得一为的。作为萨林的论点的一个例证是引人注目的，

① 斯蒂芬·马格林(Marglin)，“老板做什么？资本主义生产层级体系的起源和功能”，《激进政治经济学评论》第6卷第2期(1974年夏季)，第60—112页。

他认为，既然会计制度实际上酷似现代前的人用以使事实条理化的那种图表，因此，现代社会与人类学社会之间的差距，就比我们通常想当然地认为的小。复式簿记的二元性，与结构人类学家所分析的那种复杂的亲属体系相似。无论就哪一种情况说，一种类型学方法都起到了否认不确定性和模棱两可的作用，而且保护人们，使他们无须考虑人类面临的更为广泛的一系列可能 32
性。

会计的这个特点，源自下列事实，即在一种复杂的经济中，经济分析的各个基本范畴，利润、亏损、收入等，没有一个是具有明白无误的意义的。某个企业，在一定季度或年度，是盈利了还是没有盈利，都不止是一个是收大于支，或是相反的问题，例如，由于把投入资本看成有别于日常费用，这个问题就还取决于人们如何看待某些支出了。某项费用属于一个范畴，还是属于另一个范畴，这还要看当时实施的会计规则如何才能有个精确说法。当代生活的似是客观的经济事实本身，就是由会计惯例形成的。

会计惯例这个习惯用语，就清楚表明，这些规则并非一个“客观”科学过程的结果。在很多情况下，由于现实与任何一种二元类型学之间都不存在可资追根溯源的关系，因此，这些规则，都是无法客观地溯及其起源的。例如，经济学家就投资与日常费用所作的核心区别，就有内在问题；人们根本无从知道应在何处划界线。此外，很多具体支出，就是有多种用途的，它们既是以实现长期增长为目的，又是以实现即期目标为目的的，而这两个成分的重要性孰大孰小，又根本无以计量。不过，会计的逻辑性，还是要求任何一项具体支出，都总得以一个名目或另一个名目记入账内。会计师必须有诸如此类的断案规则；若是任由他们根据各自的事实真相断案，该职业，也就失去其客观性资格了。但选择余地有限，他们可以制定这样的规则，就是某一类的所有支出都归类为投资或日常费用，也可以决定把某个固定百分比的费用包括于某一类、把余额包括在另一类。不过，既然他们确定不了特定支出用途的实际组合，那么，不论他们选定何种规则，该规则最终都会有一个任意因素在内的。

会计制度，不论是为特定企业制定，还是为公共部门制定，抑
33 或是为计算全社会国民生产总值制定，都是由于存在这些颇具任意性的惯例，而给建立起来的；这种制度，足以导致精确化和简明化。就因为有会计师的工作，于是就有了某家企业亏损或政府的账户出现赤字这样的结论，而这种信息，那是可以成为形成对数百万人有深刻影响的决策的基础的。果真有人对这些结论提出质疑，或是去调查说不定真的就造成了该“社会事实”的会计惯例的情况，有也极其罕见。[①]

这不是说会计惯例一改，就会把黑变成白，或使高度盈利的公司破产了。但在就连各经济变量稍有不同也会产生综合性影响的情况下，会计惯例可不只是产生微不足道的影响而已。问题还是人们不应低估信念，包括赞成具体会计惯例，对形成经济行为的力量。此外，这样的信念一旦发生变化，例如它们不时发生的，它们就能给视信念为可假定不变的另一“背景”因素的经济模型带来巨

---

① 有例外，见威廉·阿朗索和巴罗·斯塔尔编辑，《数字政治学》(纽约：拉塞尔·塞奇基金会，1987 年)；巴罗·阿特韦尔，“复杂组织内的帝国主义”，《社会学理论》第 4 卷(1986 年秋季)：第 115—125 页；弗雷德·布洛克和吉恩·A. 伯恩斯，“作为社会问题的生产率：社会指标的使用和误用”，《美国社会学评论》第 51 卷(1986 年 11 月)，第 767—780 页。

大问题。

经济社会学的传统

经济社会学的传统，为对经济过程展开一种植根于历史之中的分析，提供了最好的基础。不过，经济社会学的演变，一直是既复杂又令人困惑，因此，这种分析根本不可能依据某种既有理论框架建立起来。但回顾一下该领域的变化，还是有助于我们给研究经济社会学的一种方法确定要点，该方法对克服新古典经济学传统的缺陷是富有成效的。

在社会学的发展初期，有理由想象，经济社会学当是处于该新学科核心位置的。社会学的创建者奥古斯特·孔德为反对政治经济学的实践者而争辩，视社会学为会把经济学主要内容包括在内 34
的一门科学。此外，现公认为形成该领域古典传统的理论家们，马克思、韦伯和涂尔干，都主要专注于经济现象，并试图建立一个既能够理解经济现象又能够理解社会现象的知识框架。但经济社会学的这一早期允诺未能兑现，美国社会学的发展尤其如此。美国大学系统早期制度化社会学的尝试，导致了19世纪90年代社会学家与经济学家之间的一场激烈的地盘之争。经济学家反对把本学科的学术研究空间让给另一学科，后者指责他们要求享有经济现象研究的唯一管辖权。一开始，社会学家力图为他们那个领域的一个明白清楚的定义辩护，但随着论战继续，他们还是选择了妥协。为换取经济学家的支持，社会学家放弃了他们对经济现象持有管辖权的主张，并接受了“残羹剩饭的科学”这样一种含糊的地位，[①]同意只研究经济学或政治学不作研究的社会的方方面面，主要也就是家庭、社区和城市等社会制度。学科间的这一最初分工，原封不动几乎长达 3/4 个世纪之久。间或有学者视此形成的学术分工为人为的，故有致力于经济过程的社会学分析了的。但这些，往往是小人物，他们的工作，对该领域的全面发展几无影响可言。即令社会学的发展，开辟了把社会学家与经济问题紧密联系在一起的领域时，也还是几乎没有什么堪称构成了对经济学家的直接挑战的。例如，当工业社会学作为社会学内部一门独特专业发展起来时，其实践者，通常还是甘愿仅考察经济学家研究未了留下的
35 那些问题的。[②] 类似地，在 20 世纪 50 年代激增的第三世界现代化研究中，社会学家，也常常还是按照现代化的经济方面与社会方面有别的某种合作分工，协同经济学家研究。

妥协的结果是，经济社会学，唯在美国社会学内部有最微弱的存在。尽管社会学家在经济社会学领域产生了某些名著，但在就经济提出某种社会学理解上，他们并未作出过系统努力。[③] 就连那个常用来代替经济社会学的用语，也颇发人深省；对经济现象表现出强烈兴趣的社会学家，竟然自称是在“经济和社会”领域工作。这种表述，意味着存在两个独立有别的领域，一是受经济规律主导

---

① 玛丽·O. 富尔纳，《主张与客观现实》(列克星敦：肯塔基大学出版社，1975 年)，第 291－312 页。但其他学者强调，社会学与其他学科的边界 1890 年代并未定下，而且，在 20 世纪，也还是个未决问题。见亨里克·库克利克(Kuklick)“美国社会学边界的维持：学术[专业化]的局限”，《行为科学史杂志》第 16 卷(1980 年)，第 201－219 页。

② 迈克尔·布拉沃伊(Burawoy)，《制造和谐：垄断资本主义条件下劳动过程的变化》(芝加哥：芝加哥大学出版社，1979 年)，第 3－12 页。

③ 斯韦德贝里，“经济社会学：过去和现在”，第 17－20 页。

的经济，一是受社会学规律主导的社会。[1] 此子领域的研究，就是要理解这两个各不相同的制度性管辖范围的分界线上所发生的事情。[2]

这一历史妥协，20 世纪 60 年代开始得到澄清。马克思主义的和其他持批判立场的社会学家从左翼发起挑战，对社会学作为一门残羹剩饭的科学这种地位，提出了质疑。据认为，社会学是必须致力于权力和配置等基本问题的研究的，而这，就必须注意社会的经济方面。此外，要解释国家间不平等，社会学家又得屈服于国际市场的动态。同时，巴林顿·穆尔的《独裁与民主的社会起源》的出版，既标志着社会学家对大规模历史发展的种种问题，其中必然包含经济关系分析在内，再度发生兴趣，而且也使之合法化了。[3] 而且，待到 20 世纪 60 年代末，对主流社会科学的一种女权 36
主义批评的兴起，也对社会学家与经济学家的分工提出了质疑。具体说，女权主义者提出了这样的问题，即：诸如多半由妇女完成的家务一类活动，怎么竟界定为是经济以外的活动？通过揭示对“经济”所作的占统治地位的定义的任意性，女权主义者打破了这一历史妥协。他们对西方社会那种对工具性行为的狭隘关注展开了系统性批评，从而开创了范围广泛的一系列新问题的研究。

这些各种各样的质疑，为 20 世纪 70 年代和 80 年代经济社会学的大发展开辟了广阔空间。受马克思主义和女权主义影响的学者，以及主流学者，都把注意力转向了经济制度分析。一个重要例

① 不过，这不是韦伯用同一术语给其重要著作命名时所想到的。

② 于此研究经济社会学的方法所作的清楚描述，见尼尔·斯梅尔舍，《经济生活社会学》（新泽西州恩格尔伍德。克利夫斯：普伦蒂斯一霍尔出版公司，1976 年）。

③ 波士顿：灯塔出版社，1966 年。

子，是紧随伊曼纽尔·沃勒斯坦《现代世界体系》出版后的那些研究工作。[①] 正是该著作把社会学家引向了此前忽略了的一些领域，如对世界规模的资本主义运转的研究和对跨国公司行为的研究。[②] 还有传统社会学研究领域，如社会分层说和组织社会学等，也竞相直接研究经济问题了。例如，社会分层说学者，竞相潜心于劳动力市场分析，而组织社会学家，则致力于公司连锁或公司内部经济交易研究了。

这一向经济社会学推进的宽度和多样性，固然给人留下深刻印象，然而情况依旧，就是参与者中，有的还是没有自认为做着"经济社会学"的研究。他们更有可能还是视自己与某种理论方法（如马克思主义的或韦伯的）或是与某一特殊研究领域（如组织社会学或职业社会学）联姻的。经济社会学的回归并非是有意为之，因为社会学家业已朝似乎合乎逻辑的新方向推进其研究了。

因此，在此予以重新研究的领域，理论澄清是相对很少的。在这方面，子领域与总体而言的社会学没有什么区别，因为大的理论
37 体系都陷于破败状态了。但由于就这一子领域究竟应是怎样的而言存在着完全不同的设想，因此，经济社会学的问题，自然也就更大了。涉及经济社会学与经济学的严格关系时，歧见尤其大。

很多分析人员都提出这样一种观点，就是这两种学科有很多可相互借鉴之处；社会学研究当以加深对经济理论的理解予以丰富之，反之亦然。[③] 这是"经济与社会"传统的一种延续，其重点是

---

① 《16 世纪资本主义农业和欧洲世界经济的起源》（纽约：学术出版社，1974 年）。

② 斯韦德贝里，"经济社会学：过去与现在"，第 91－104 页。

③ 斯梅尔舍（Smelser），《经济生活社会学》；马克·格拉诺维特（Granovetter）"朝向收入差异的社会学理论"，收入伊瓦尔·伯格编辑《劳工市场的社会学视野》（纽约：学术出版社，1981 年），第 11－47 页。

在增进各不相同，而又互补的两种方法之间的合作。但也有一些人质疑这两个领域之间具有任何有意义的边界的看法。

有的经济社会学家备受加里·贝克尔等人用经济学工具分析非经济现象的著作的影响。就这一群体而言，社会学的核心缺点，是其缺乏微观基础，即缺乏似乎有理的个人行为模型，这种模型，可用以构筑大规模社会结构和过程的分析。[①] 对这些理论家来说，提供微观基础的最好办法，是采用这样一些经济假设，这些假设把个人看作是具有固定偏好的、力求效用极大化的理性之人。这种版本的经济社会学，是应用于非经济过程进行的经济分析，故依据此定义，加里·贝克尔是一位经济社会学家。[②]

最后一种方法，也否定学科边界具有意义，不过，是用完全不
同的一种方式给以否定的。在这群经济社会学家看来，“经济”是 38
一个分析上用的抽象概念，因为经济活动总是嵌入于一个更大的社会和文化框架内的。若像经济分析通常所做的那样，不理会这种框架，那么得到的模型一定理解不了社会世界的实际复杂性。按照这种看法，经济社会学是理解“经济”过程的一种较优的工具，因为它对发生这种过程的来龙去脉了如指掌。

正是对经济社会学所持的这后一看法，能最有效地克服对经

---

① 见迈克尔·黑希特尔编辑，《宏观社会学的微观基础》（费城：坦普尔大学出版社，1983年）。

② 事实上，贝克尔已获芝加哥大学社会学系第二次任命。贝克尔和曼库尔(Mancur)·奥尔森等学者，正以坚持两者均可在节约稀缺资源这个框架内予以理解的方式，向经济与非经济的分界线这个概念提出质疑。有讽刺意义的是，这种征服经济学新领域的努力，很可能竟摧毁了经济范式的能力。关键在于探讨的目标也就是经济时，自我调节的机制是显而易见的——这就是亚当·斯密的看不见的手。但探讨的对象是整个社会时，自我调节的机制是什么——追求社会各领域自身利益的结果如何产生某种秩序？使经济范式具有其最初吸引力的，毕竟是秩序的有望实现。

济的自然化分析,**经济社会学**这一称谓,在这里,将仅用以指这一独特的智力活动过程。持这种看法,也就是认为,社会学家可以依旧向经济学文献学习,而经济分析的假设或限制因素,他们则概不必承袭。按照这种观点,社会学家与经济学家的关系,和宗教社会学家与神学家之间的关系,两者就没有什么不同了。无论就哪一种情况说,对于社会学分析来说,实践者(经济学家或神学家)为什么接受某些信念这个问题,都是一个中心问题。而且,在这两个领域,社会学家都有志于就为什么会发生这种情况作出解释,他们的解释要比与宗教思想或经济思想的某种传统有利害关系者所作的典型解释,内容更丰富。鉴于有的神学家已经从宗教社会学那里了解到,而且业已采纳了有关宗教过程的一种更加不落俗套的理解,因此,经济学家也许有望能向经济社会学学习了。[①]

就这一研究经济社会学的方法说,杰出人物是卡尔·波拉尼(1886—1968),一位匈牙利流亡知识分子,他于20世纪40年代和50年代发表了其主要论著。[②] 适值经济社会学黯然无光的一个时期,波拉尼执教于哥伦比亚大学经济系,但其谢世后的20年间,他的著作拥有了社会学领域的广大读者。

39 波拉尼对**经济的**这个词的两个不同含义,作了根本性区分。一个含义是形式性定义,其中,其思想是,凡可利用的,都加以最高效率的利用,以节约稀缺资源。第二个含义是实质性的,就是通过人类与其环境的相互作用这样一个过程,满足人类的物质需要。

---

① 事实上,各领域的名称,都发人深省。**宗教社会学**表达了比方说与**宗教的社会学**对比起来截然不同的主题存在一定距离。我宁用经济社会学这个术语,但经济的社会学,就这种模棱两可的话来说,也是早就有定评了的。

② 见布洛克和萨默斯,"超越计量经济学谬误性。"

唯在后一个实质性意义上，所有人类社会才是经济的，就是它们都是为人类提供生计的。不过，要说人类社会都节约稀缺资源、提高生产效率，事实并非如此。正相反，综观大部分人类历史，人类倒是都凭借亲属关系、宗教和其他文化习俗等来谋生的，这一切，与节约稀缺资源都几乎毫无关系可言。这就意味着，人们通过竞争行为极大化经济效用的形式经济学模型，是难以应用于这种社会的。总之，经济理论的所谓普适性，是以模糊资本主义与前资本主义社会之间社会组织的根本性区别的语言游戏为基础的。

此外，对于经济学家分析资本主义社会所用的方法，波拉尼也是提出了质疑的。他认为，新古典经济学坚持认为经济按分析有别于社会其余部分这一点，使得视政府调控商业活动，或是政府提供福利，为对市场经济施以某种外部干预，合乎逻辑了。尽管就某些种类干预是仁慈的还是邪恶的说，经济学家或许各执一词，然而他们又是一致认为它们都是**外在的**。相比之下，在波拉尼就实质性的资本主义经济所作的分析中，则把这些“干预”都看成就是经济的很重要的组成部分，而不是看成外在的。波拉尼坚持认为，19世纪的资本主义，是由两种相反的运动组成的。第一种，自由放任运动，是寻求使经济摆脱政府调控。第二种，则是起保护作用的相反运动，是寻求借助于组建工会，和借助于包括工厂法和建立中央银行业务体系等在内的新型政府干预，防止社会受市场损害。问题在于，资本主义经济由这两种运动的合力构成。起保护作用的反向运动，不是外在的；确切地说，它对资本主义秩序的生命力而言，是绝对必要的。

对照一下就市场社会的兴起而提出的两种对立解释，即可非 40
常清楚地看出这一点。新古典经济学认为，在19世纪前1/3时期，英国政界领导人开始认识到，不加干预地让市场力量发挥作用，会带来更大的繁荣。结果就是逐步取消了许许多多对市场过程的国家干预，从而帮助建立了劳动、土地和资本的自由市场。在经济得以自我调节的情况下，效率大幅度提高，经济增长加速。由此带来种种结果，给人留下的印象都如此深刻，很多其他国家也就很快仿效英国，推行市场自由了。

波拉尼提出的观点是，英国工业资本主义的创立，是市场、政治和文化方面一系列相互作用的变化带来的结果，正是所有这些变化的一种合力，造就了史无前例的一种新的经济。就劳工市场说，这不是仅仅让市场力量发挥作用的一个问题；济贫法改革必然要把工人逼进早期工业资本主义的恐怖工厂。一旦济贫法改革就位，工厂法也就必须就工作日长度施加限制了，否则，市场竞争势必导致工人阶级的毁灭。就像马克思在《资本论》中表明的，限制工作日长度，具有下列决定性影响，就是把市场竞争引导向技术创新，而非延长工时的死胡同。

与这些创立工业资本主义的政治措施一样重要的，是文化问题的解决，即谁应是工业无产阶级以及家庭生活应如何加以组织。早期的工厂聘用的，大部分是妇女和儿童，系一种于工人阶级长期再生产成问题的安排。但最终解决办法，即为家庭谋得工资的主要是男性工人阶级，不是一下子就出现的，而且也非唯一可能的解决办法。这种新格局要出现，就得在工场、在社区和在整个国家展开激烈斗争。[①] 然而，这一新格局，显然是这种新的经济秩序的一

① 约翰·霍利，"工业主义的两种家庭经济：维多利亚苏格兰的工厂工人"，载《家庭历史杂志》第6卷第1期(1981年春季)，第57—69页。

个决定性成分。

总而言之，波拉尼的方法，是把被新古典分析打入冷宫的这些 41
因素引向最突出地位，把它们看成对资本主义经济的有效运转具有关键性作用。波拉尼还为经济社会学作出了第二项重大贡献，这就是对市场、国家行为和种种社会调控的相互关系的理解。

虽然波拉尼撰文激烈抨击自我调节的市场这个思想，可他明白，市场在经济生活中是起着极其积极的作用的。事实上，波拉尼确立了一种克服经济自由主义传统和马克思主义传统的缺点的独特理论见解。具有讽刺意味的是，就如何能够取得经济上合理的结果而言，这两种传统所持有的信念竟彼此如出一辙。

市场自我调节的鼓吹者认为，若是人们在其处理微观经济选择上有极大自由的话，总的结果，就会是合理的；进行选择不必要有任何集权机制。集中计划的鼓吹者，则历来认为不必作什么微观经济选择，他们认为，经济合理性，可以通过完成体现于一个计划中的一系列集权选择实现。前者，漠视往往构成微观经济选择的制度安排的必然性；后者，则是忘了无论何种计划制度下，个人往往保有作出微观经济选择的某种自由度。因此，有关合理结果的两种主张，都存在固有缺陷。

实际上，任何经济都包含三个不同层次。在第一个层次，人人都可以作出微观经济选择。这些选择会受市场的影响，但并不一定如此；即令不存在市场，人们也还是有某种能力作出选择。例如，苏联式计划假定，工厂管理人员也就是照计划办事而已，但实际上，计划制度总是使人可以作出选择，管理人员会在作选择时对公开或隐蔽的动机作出反应。譬如，苏联式计划的很多学术研究成果都表明，管理人员为了使计划目标易于达到，往往决定囤积劳动和资本等资源。[①]

42 在第二个层次，是构成经济的国家行为。正如我们业已指出的，市场自动调节这一思想的问题之一，就是界定合同和所有权的法律，是市场交易的前提。因此，对于人们来说，没有政府的作用也完全行这种思想，就像人们可以不考虑微观经济选择这一思想一样，纯粹都是幻想而已。但是，从制定经济基本规则到管理很大一部分经济，国家行为所涉及的范围则可以是不同的。

第三个层次，自由市场的理论家和政府计划的理论家都忽视的这一层次，就是社会调控，亦即决定并形成微观经济选择的种种社会安排这一巨大领域。例如，波拉尼列举了中世纪社会旨在限制价格竞争、调节市场交易的那种复杂的规则体系。社会调控，包括把个人的经济行为嵌入某种更为广泛的社会结构的各种不同的方法。邻近的工作群体，常对个人就其工作强度所作的选择施加很大影响。此外，大多数人都是在巨大的组织环境中工作的，在这种环境中，也就有正式和非正式机制制约其成员的行为。而且，就连不同组织的人们之间的交易，也受种种社会机制的调节。

市场自我调节理论和计划理论都假定，高效的合理结果，是上述三个层次中有一个发挥作用即可产生的，然而，实际情况却是，具体的一个经济的效率，将取决于这三个层次整体的融合程度。这就意味着，根本就不存在自动导致更高效率的捷径。无论市场自由有多大，政府计划有多全面，两者都非万能的灵丹妙药；在既定历史条件下，这两者的价值，只能通过对微观经济选择、社会调

---

① 例如，见查尔斯·F.萨贝尔和戴维·斯塔克，“计划、政策和工人的权利：苏联强行推行的国家社会主义社会的隐蔽形式”，《政治与社会》第11卷第4期（1982年），第439—475页。

控和政府行为相互关系的缜密详尽分析，才能予以证实。

经济社会学与后工业发展

把微观经济选择、社会调控和国家行为联结在一起的这个视角，有助于阐明经济社会学方法与后工业发展分析之间的逻辑关 43
系。正像种种后工业趋势破坏了既定的社会学范畴一样，它们也削弱了以往人们对经济的理解和既定的经济政策药方的功效。事实上，西方各国政府，都是摇摆于“自由市场”与“统制”政策之间，力求不是更多地依赖市场，就是更多地依赖计划来解决经济问题。然而，就以恢复20世纪50年代和60年代的宏观经济的稳定来说，无论哪一政策取向，都没有很大成效。

问题在于，促成第二次世界大战战后初期西方经济稳定的那种制度安排，即市场自由、政府干预和社会调控的特定组合，不论对于管理美国国内经济的任务，还是对于管理世界经济的任务，都已不再应付裕如了。新的制度安排尚待设计，但问题远较单纯提高、降低市场自由度或政府计划比重复杂。而且复杂性还有增无减，因为传统经济分析中失察的部分背景因素，在变化中了。例如，对于谁应属于劳动人口和各种不同经济物品的相对价值等问题，偏好都在改变中。更何况，还有新技术在如此彻底地改变着市场和生产工艺，以至于对以前有关何谓创造经济价值的和何谓高效率的理解，都已无所适从了。

经济社会学的视角，对于理解一个断裂的时期，即经济理论与事实上的经济实践之间的脱节不断加剧的时期，是不可或缺的。自然化的框架导致很多新古典经济学家都力求用一两个变量来说明经济何以实现不了均衡，而经济社会学则力求作出较为复杂的解释，聚焦于微观经济选择、社会调控和国家行为之间在历史上的那种独特的相互配合。

经济社会学，还通过揭示经济学家使用“生产函数”有关的问题，阐明后工业的种种趋势。传统经济分析，以类比化学过程解释生产；劳动和资本等项投入，均按某种比率与原材料和能源相结合生产出产品。所得的配方或公式，亦即生产函数，忽视了构成这一
44 生产过程的种种具体社会关系。正如我们业已指出的，这些社会关系，是被归入背景因素这一范畴的，而此类背景因素，又是被假设为恒久不变的。尽管这一类比，始终体现了对更为复杂的实际生产情况所作的一种彻底简单化，然而，近年来，它还是变得特别成问题了。

问题在于后工业趋势尤其是服务业和以计算机为基础的生产，把社会关系推向最突出的地位了。例如，分析一家医院的生产过程时，产出显然并非劳动和资本等项投入的简单的函数。正相反，社会关系对于保健的生产是绝对地决定着其效果的。医生、护士和其他医务人员的种种协调；组织和管理医生、高级专科住院实习医师和实习医师的系统；医院与外部保健服务提供者的网络，凡此种种，在决定交货的保健质量和效果上，都是显得非常突出的。

当代计算机化的工厂配置，有类似背景情况可讲。高效率生产，不能假设会是自动产生于劳动与资本的结合的；正相反，背景情况是有大批企业，它们都投资于证明业已彻底失败了的昂贵技术。生产的社会关系，亦即组织任务的方式、培训员工的程序和整个劳资关系系统，都对决定新技术如何得以高效率利用有重要影响。类似地，诸如存货管理的适时制一类业已掌握的管理方法，也

突出了生产者与供应商之间的社会关系的重要性，以及工厂跨部门协调的重要性。[①]

既然经济社会学把这些社会或组织因素置于其分析的核心位置，因此该学科也就成了一种强有力的工具，可以用于理解后工业 45
色彩越来越浓的经济。诚然，有些经济学家承认，这些社会因素需要对生产的化学类比作些修正了。在其增长会计学领域的独创性著作中，爱德华·丹尼森证明，劳动和资本的投入，解释了美国战后经济增长的相对很小的一部分。他把增长的其余部分，归因于包括技术进步和生产过程组织的完善在内的一个"残数"。[②] 哈维·莱本施泰因则更进一步，提出了X-效率概念，该概念表达这样一种想法，就是效率还有社会来源，这些来源，是与资本和劳动的投入数量无关的。[③] 然而，经济学家往往会用这些思想来挽救新古典经济学的基本框架。我则想要说明，后工业经济中产生的这一社会方面的日益明显的中心地位，需要有一种新的分析框架，加以阐述。

---

① 适时制方法对日本制造业具有决定性意义。中心思想是，按需适时交货并完成成品生产，减少零部件存货。这种方法，降低存货成本且提高生产柔性。它还促成生产过程缩短，从而迫使工人和管理人员都提高质量管理意识。

② 丹尼森，《美国经济增长的来源》(纽约：经济发展委员会，1962 年)。

③ 莱本施泰因，《超越经济人：微观经济学的新基础》(麻省，剑桥：哈佛大学出版社，1976 年)。

46

第三章　市场

经济学话语中，最重要的范畴是市场；能使相互竞争的利益相关者由冲突引出某种协调结果来的，据认为是市场。有某种自我调节的市场社会，在这种社会，对市场的“外部”干预得以保持最低限度；这个思想得以证实，当归功于市场的能力。然而，经济学家几乎总在那里讨论高度抽象的市场；文献中鲜有讨论实际市场运转情况的。[①] 一考察进行着商品买卖的实际市场，显而易见，理论中加以颂扬的那类市场，是罕见的。

对于这种言论，经济学家的回答，从来就是承认那没有错，但又坚持认为，我们的境况会因为没有那类市场而变得更糟。他们坚持认为，过去两个世纪经济效率的任何提高，都是有了使市场自由有增无减的一种制度化体制的结果；而如果我们更进一步向充分的市场自由迈进的话，那么，经济效率的提高幅度会更大。不过这里倒是要指出，资本主义发展取得成功，实际上是对市场自由实
47 施限制的结果。资本主义的生机，是始终取决于市场和对市场的

---

① 伯纳德·巴伯在“市场完美无缺化：我们如何从那里走到这里的若干注释”中，讨论了大多数经济学家未能系统分析市场这个概念的情况，收入 G. 德沃金，G. 贝尔曼和 P. 布朗编辑，《市场和道德》（华盛顿特区：半球，1977 年），第 15－31 页。忽略实际市场的一个重要例外，见哈里森·怀特，“市场从哪儿来”，载《美国社会学杂志》第 87 卷第 3 期（1981 年），第 517－547 页。

限制的某种组合的，而放弃限制，就会使资本主义经济失去活力。总而言之，当代有关不加调节、加大对市场的依赖度这种政策话语，是不能自圆其说的。

定义词

自我调节的市场这一概念，亚当·斯密就已经开始使用了，然而，直到19世纪晚期，边际主义者提出了有关产品、劳动和资本市场的一种综合经济理论时，该概念才实现了系统化。在这个模型中，所有商品，包括劳动和资本在内，都在竞争的市场上买卖，故价格变动，导致了供求均衡。受价格机制所起的中介作用促成的无数交易的结果，是一种一般经济均衡，其中，一切资源都是以尽可能高效率的方式得以利用的。

该模型的吸引力，全赖有望实现的资源最优利用和该系统的应变能力。当一项使得生产某种典型小产品用一半劳动即能完成的技术创新一类的冲击出现时，市场机制发挥作用，秩序得以恢复了。例如，由于被技术替换了的劳动价格降低，再加上典型小产品的生产者所挣利润又用作再投资，有的企业家就将招收遭解雇的工人复工，生产不同的产品。不过，应该认识到，该经济模型的一体化，既是一种优点，又是一种缺点。自我调节，致使经济成为一个无缝网络；该经济的一部分对市场原则的任何偏离，都将在该经济的其余部分产生反响。如果交易不完全取决于价格机制的话，均衡机制就会遭到破坏。例如，有的经济学家就认为，工会和最低工资法规业已导致工资水平刚性；对价格机制的这些干预，可能导致工人所得工资高于市场决定的工资。其结果，是人为抬高的劳

动价格会阻碍某些投资，从而就可能致使经济维持在与充分利用劳动和资本的情况相比低得多的一种经济活动水平上。使某些理
48 论家所以都如此固执地反对任何可能干预价格机制的国家行为的，就是这种自我调节的经济的这一无缝性。

然而，这些问题，大部分当代经济学家都并不十分在意，因为在他们看来，市场自我调节模型，也就是一种实际上永无可能实现的柏拉图式的理想而已。近年来为确定一般均衡的数学运算所作的努力，已经表明，能够构建的是这样一种经济模型，在这种模型中，只有作出许多高度限制性的假设时，价格机制才实际上形成一般均衡。[1] 总之，市场自我调节，在现实中与在理论上一样起作用，是难以设想的。此外，当代经济学家还清楚意识到，政府采取行动，生产出对私营经济不可或缺的公共物品，这才是势在必行。

不过，市场自我调节这一理想，仍然牢牢地控制着经济学家的想象力。莱斯特·瑟罗就认为，大多数当代经济学家都一致认为，微观经济学基本上是正确的，该学科所以有问题，是因为宏观经济理论存在缺点。[2] 但微观经济理论，基本上也就是运用于具体市场的市场自我调节这个思想，即供求通过价格机制实现平衡。对各种各样的市场如何促成一个宏观经济整体这一点，经济学家或许有怀疑，但他们仍然依据从边际主义者那里继承的框架来理解这些市场。这种理解市场的视角，有矛盾之处，因为如果不假设所有市场都以某种无缝网络联结在一起，而这个网络，又导致资源在不同产品的市场之间进行合理的配置，那么，某一市场的均衡，就

---

① 弗兰克·哈恩，“一般均衡理论”，收入丹尼尔·贝尔和欧文·克里斯托尔编辑，《经济理论危机》（纽约：基础图书出版公司，1981 年），第 123—138 页。

② 瑟罗，《危险的潮流：经济学现状》（纽约：兰登书屋，1983 年），第 3 页。

保证不了定会促成作为一个整体的经济的效率。然而,这一矛盾之处,常被忽略了;对具体市场的微观经济分析,就常按这样一种隐含假设进行,即:把各个市场相互联结在一起的更大的结构,正在以最优状态运转。

更为仔细地看看按照边际主义传统假定的市场的性质,很有 49
用。这是这样一些市场,在这些市场上,有多重买主或卖主,没有哪个买主或卖主有足够的力量单方面影响价格。这是本质所在,因为就像一个工人的价格被认为等于他或她的边际产品一样,一种产品的价格,也被认为等于其边际效用。若是市场参与者都能以拒给产品的方式影响价格的话,均衡价格也就无从实现了。

市场参与者的偏好稳定且是在交易外形成的,这也是一个关键假设。均衡需有某种偏好固定性;如果人们的偏好说变就变,那就没有理由认为供求应该均衡。最后,该模型规定买、卖双方有大致相同的信息。这是人们实现物有所值所不可或缺的;如果作出失实的陈述成了流行的弊病,价格就将失真,事实上的供求均衡就将受到削弱。

该模型的这些要素表明,这里所描述的这类市场,是一种现货交易市场,在这种市场,交易是在有多重买主和卖主的相对陌生人中一次性进行的。与此描述最近似的实际市场,是当代的股票市场、商品市场和外汇市场,在这几类市场,处于市场交易场的交易者,代表多种不同的买主、卖主,从事迅即完成的交易,这种交易,几乎完全是受价格考虑驱动的。

然而,大多数经济交易,并不都在类似股票交易或商品交易的现货交易市场进行,这一点引人注目。消费者通常是在零售市场购物,在这种市场,卖主是给各种不同产品都规定相对固定价格的。尽管消费者的行为,可能表现得他们仿佛是面对多重卖主,因而是仔细比较多重商店的价格后才决定买不买,可有别于经济理论的一点是,卖主是得不到有关支配其他交易的价格的瞬时信息的。此外,还有多种购买,消费者的购买和生产者的购买,都不可能按现货交易市场的方式予以组织,因为这些采购,无法瞬时就组织好。但凡一种服务是在一个时期提供的,或一种货物是在以后
50 一个日期予以交货的,买卖双方就得不只是就价格达成一致;他们还得确立由合同的存在所反映出来的一种关系。正如我们所看到的,合同关系使得买卖双方与经济理论中的市场有一定距离。

此外,即令似是类似于纯粹现货交易市场的那些金融市场,就其实际运作说,实际上也是更为复杂的。进行实际交易的人,常充任他人的代理人,定出了成套复杂的相互调控的规则和制度。① 例如,1987 年 10 月的股市崩溃,就引起了人们对小型专业公司在纽约证券交易所的决定性作用的注意。这些专业公司,被认为应确保每一种股票的交易都通过买卖该股票拉平价格变动而有序地进行。在这一次崩溃中,有的专业公司停止履行职责,有的股票价值暴跌。股市所以形成了这样一种特殊市场调控制度,就因为纯粹的现货交易市场是极不稳定的。② 单是这一事实,似乎就使人对纯粹自我调节的市场制度的实际作用产生了怀疑。

---

① 论述这个问题的论著日益增加。例如,参看韦恩·贝克,“国家证券市场的社会结构”,载《美国社会学杂志》第 89 卷第 4 期(1984 年 1 月),第 775—811 页;彼得·阿德勒编辑,《金融市场的社会动态》(康涅狄格州格林威治:JAI 出版社,1984 年)。

② 专业公司制,代表一种对纯粹市场自我调节的背离。作为组织市场的通常不稳定的特权的一种抵偿,企业预计会接受巨额短期亏损。解释,见“股票市场股市行情暴跌一天如何崩溃”,华尔街日报,1987 年 11 月 20 日,和“破产的市场主持者和组织机构的专题引文作用”,华尔街日报,1988 年 1 月 11 日。

术语的某种精确性，在这时正是必不可少的。一个问题是，什么是或者不是市场这个问题，已经变得非常混淆了。当一个人在一家企业得到晋升时，这在现在被看成是该企业内部劳工市场上的一项交易。类似地，配偶的选择，也可以看成是婚姻市场业务的一部分。然而，假如市场只不过是人们进行选择的场合的话，那么，所有社会生活，也就都是一种市场，因而该术语也就无特殊性可言了。问题就出在比喻说法与实际混为一谈上。认为一个企业内的晋升制度就**像**一种内部劳工市场是富于启发性的，但若说它就是一种内部劳工市场，则全然有失偏颇了。**市场**这一术语，应该专门留给相对独立的参与者走到一起，进行有限期限经济交易的场合。① 51

但一个更严重的问题是，我们缺乏一种方便的手段，对各种不同的组织经济交易的安排加以比较。经济理论极其重视价格机制，认为价格机制是使交易达成均衡的手段，由此提供了进行比较的线索。经济理论中的纯粹市场这整个提法，指的就是参与者能对价格信号作出全然灵敏的反应。这意味着，我们可以建立一个

① 近年来，有不少论著对市场分类的类型学作了阐述。保拉·英格兰和乔治·法卡斯确定了三类市场，现货交易市场、未定债权契约为基础的市场和默认契约为基础的市场。未定债权契约是长期契约，是依据诸如关键投入的价格变动等某些具体的新情况而订立的契约。契约双方依据某些关键变量的变化就合同条款作出调整达成一致后，双方保留部分同一的灵活性，就是一旦改行一系列现货市场交易，双方都保留部分作出反应同一的灵活性。默认契约这个概念，最有代表性的情况下，是应用于劳工市场，这种市场，即使没有正式未定债券契约，也存在经济关系。默认契约的理论家认为，员工是以默认的方式，以工作时全力以赴换得就业保障的。这种类型学存在的问题在于，它兼有两个方面，即契约期限及明确性兼而有之，这两个方面还是分开处理为好。见英格兰和法卡斯，《家庭、就业和性别：一种社会、经济和人口学观点》（纽约：奥尔代恩出版公司，1986 年），第 43－51 页。

有关经济交易的“市场性”的连续统一体，按等级说，是现货交易市场居于高端、低端则是按组织层级加以组织的各种交易。高市场性意味着，价格考量占支配地位，不存在任何干预，但相继变化降至居于该连续统一体低市场性一端时，非价格考量的重要性就渐次提高了。这倒不是说，在低市场性的条件下，价格就无关紧要，而是说，价格会与其他变量竞争，因此，可以认为，价格差异在导致参与者作出回应前，是要大得多的。①

照此框架分析，某种继续存在的关系和一项合同的存在，意味着对最高水平的市场性的背离。例如，在高端，一个股票交易人是
52 买甲的股票还是买乙的股票的选择，仅仅取决于他们的要价。然而，当一个商人签订合同，需有等量化工产品在 6 个月交货时，价格差异则要根据其他变量，例如企业正常经营和它将准时交货的可能性等，加以认真考虑了。一般而论，合同期愈长，市场性水平就愈低。例如，若是一家企业与某供货商签订了一项长期合同的话，该合同，就制约了两个企业对市场价格变化作出反应的能力。

---

① 根据经济理论，商品的一切相关方面，都是以其价格予以表达的，因此，人们可以，比方说，稍多付一点而得高一些质量、快一些交货或实际上还有其他任何合意的特征。问题在于，在现实交易中，这些相关特征中的很多，都有相当大的不确定性。人们可能付高价而获得快交货的回报，但绝无保证卖者就会负起这一责任。买主有事先通过可能包含每天晚交货的罚款在内的未定债权契约，获得规定相关特征的选择权。不过，每一种相关紧迫性，都是不可能预料的；这就是不确定性的意思。因此，买者倾向于以减少交易的市场性、即降低与他们对某个供货商的信赖程度相比的价格的重要性，对不确定性作出反应。这个问题，在中介理论中，有争议的汇率和日本订约模式的文献中有论述；参看约翰·W. 普拉特和理查德·J. 泽克豪泽编辑，《主理公司与代理公司：商业结构》（波士顿：哈佛商学院出版社，1985 年）；塞缪尔·鲍尔斯和赫伯特·金提斯(Gintis)，“有争议的汇率：竞争市场的政治结构”，政策与社会，将出版；唐纳德·多尔，《灵活的刚性：日本经济的产业政策和结构调整，1970—1980 年》（伦敦：阿斯隆出版社，1986 年）。

签订将涉及所有市场意外事件的长期合同，即债权未定合同，故任何时刻所支付的价格，都会是仿佛有一系列现货交易那样相同的，这在理论上有可能。但实际上，并非一切意外结果都能预料到，因此，订立这样一种复杂的合同，成本会是极大的。[①] 因此，即令这样一种长期合同中订立了某些意外情况下调整价格的条款，然而结果，还会是与一系列现货交易迥然不同的。这是有意而为，因为交易双方，通常就为了保护自己免受现货交易市场波动影响，而签订这种长期合同的。

不过，合同期限的长度，并不是与市场性降低有关的唯一因素。有很多买卖双方所得信息非常不同、纠正信息不平衡成本很大的市场状况。情况如此，信息少一些的参与者，就面临相当大风 53
险。已有多种制度形式出现，以处理这些局面。人们最熟悉的，是组织多层级化的发展。多位分析者推测认为，雇佣关系替代短期合同制的一个原因，就是这种制度能提供给企业家监督绩效的一种更好手段，即一种克服信息不对称的方法。[②] 还有多种一个人受雇执行一项任务，而所用方法上则给以相当大自主权的代理关系。在这种情况下，个人忠诚或其他非经济动机的纽带，常在该代理商职责完成上起关键作用。[③] 处理信息的这些方法，代表了交

---

① 奥利弗·E. 威廉森，《市场和层级，分析和反托拉斯含义：内部组织经济学研究》（纽约：自由出版社，1975 年），第 65－67 页。

② 斯蒂芬·马尔格林（Marglin）“老板做什么？资本主义生产中层级体系的起源和功能”，《激进政治经济学评论》第 6 卷第 2 期（1974 年夏季）：第 60－112 页；阿芒·A. 阿尔奇安（Alchian）和哈罗德·德姆塞茨（Demsetz），“生产，信息成本，和经济组织”，《美国经济评论》第 62 卷（1972 年 1 月），第 777－795 页。

③ 哈里森·C. 怀特，“作为控制的代理”，收入普拉特和泽克豪泽编辑，《主理公司和代理公司》，第 187－209 页。

易上市场性的减少，因为价格考量的相对重要性降低了。

以评价经济行为者动机的另一连续统一体，补充评价交易的市场性连续统一体，这很有用。这第二个连续统一体，涉及个人行为的工具主义程度。① 边际主义框架假设，人们是据其理性的经济自身利益行事的。当有人注意到有商品交易商出现于交易场时，是假定除此工具主义行为外，再无别的起作用的因素的。不过，随着交易的市场性递减，经济行为通常就嵌入于更为复杂的社会关系网内了。② 因此，一家企业的一个采购经理开始了解他或她的供货商的同事了，这些个人关系形成了他或她的
54 行为。这种个人关系，很可能就促成了供货商在产品质量和准时交货方面的可靠性。然而，就因为有了这种嵌入的事实，价格信号的相对重要性递减了；未等一个采购商愿意与可靠性已经得到证实的供货商断绝关系，相当大的价格差异，他或许就已唾手可得了。在此例中，采购商是仍然按工具主义行事的，虽然并非遵循现款现货交易商那种纯粹价格驱动的工具主义行事。不过，在有一个采购代理纯粹出于友谊而与另一企业某某人继续做生意之时，不难想象会有这种“嵌入”导致行为者进一步背离工具主义的情况。

换言之，从工具主义到嵌入这个连续统一体，把两个方面给结合了起来。首先是行为被价格驱动的程度，因为人们可以以与价格毫无关系的方式追求其经济上的自身利益。其次是自身利益置

---

① 交易的性质与个人动机的性质之间常密不可分。不过，有分析地对两者作一区分还是有用的。

② 马克·格拉诺费特（Granovetter），“经济行为与社会结构：嵌入问题”，《美国社会学杂志》第 91 卷第 3 期（1985 年 11 月），第 481－510 页。

经济目标于友谊、家庭联系、精神考虑或道德之前的程度。[①] 诚然,后者的一切,都可根据对自身利益的追求予以解释,但那不是与此有关的问题。[②] 考察市场模型的重点,在于个人行为是经济目标定位、是对价格变动作出反应的程度。

有很多经济分析,都假定存在工具主义行为,但这种模型持有一种根深蒂固的看法,那就是行为者遵守经济博弈规则。“经济模型……[视]人们是按照他们遵守的固定规则进行博弈的。他们量 55
入为出,他们不盗用资金,他们不抢银行。”[③]这种论点在逻辑上自相矛盾;对自身利益的追求,不是——像韦伯所说的历史唯物主义——那样的一辆市内有轨电车,人们可以随心所欲,想上就上、想下就下的;是一旦上了,就得一直坐到终点站才下的。若是假定有纯粹工具主义的行为的话,分析者就得意料到会有这样的机会主义行为,就是有人违反正式或非正式的博弈规则,为了占别人的便宜而明目张胆地说假话。[④]

诚然,对自身利益的计算,可以说明,为什么人们在有可能被捉住和受处罚时,会遵守规则。但若被查出受处罚的可能性微乎

---

① 阿米塔伊·埃茨耶尼(Etzioni),在《道德方面:朝向新经济学的发展》(纽约:自由出版社,1988年)中,把这几种非工具主义动机归入道德这一标题之下。

② 经济学家,有时是依据下列事实,即任何一种行为,包括殉教者因谋求神的奖赏而经历的受苦受难在内,都可解释为出于自私的目的这一事实,证明他们所用的框架的作用。但实际情况是,市场模型所依据的,并非利己主义的原则,而是经济的自身利益。人类渴望得到的那些东西,是并非直接在市场买卖的东西,是这些东西,实际上妨碍了市场以价格机制使所有交易都达成均衡的能力。例如,主要不是出于经济报酬,而是为实现权力地位提高而收购一家企业的人,他们所支付的,很可能比按严格经济标准证明的多得多。如果还有偏好类似者,则结果,就可能是资本在整个经济中的配置严重失当。

③ P.戴蒙德,援引自威廉森,《市场与层级》,第7页。

④ 威廉森,《市场与层级》,第26—28页。

其微时，人们不表现出机会主义行为，他们的行为也就不是纯粹工具主义的了。总之，非机会主义行为的存在，是嵌入性、特定团体的准则或其与他人的个人联系的密切度的影响力等非经济变量存在的证据。

这几种理想的市场性和工具主义行为，并不是对边际主义市场模型各项假设的一种讽刺。价格机制，可以有效地使市场均衡这一思想，是假设市场性水平接近于纯粹现货市场体现的那种连续体的高端。例如，若某种商品所有经济交易的很高百分比，都是通过长期合同加以组织的话，那就会在价格变动能使供求均衡前，有一个漫长的拖延期。类似地，工具主义行为要求人们对即令价格信号微小的变化也能迅即作出反应。例如，若是同供货商的个人联系创造忠诚，那么，价格的微小变化，就将几乎不会有什么影响。最后，工具主义行为包括机会主义这一论点，从逻辑上说，是由对自身利益的理性追求得出的；未能把可能的机会主义纳入经济模型这一点，一直是这样一些分析者的不合逻辑之处，这些分析者对参与者为什么不应通过违反规则追求自身利益，没有作出可行的解释。

56 市场性与经济中的工具主义

如果把市场性连续统一体改变成一种实际衡量标准的话，那么，理论上就有可能对任何特定市场交易的市场性水平作出评估，然后，给以加总，也就可能评估出特定经济特定时点的整体市场性水平。人们也可以就个人行为的整体工具主义进行类似评价。尽管进行这样一种评价会是极困难的，然而，提出按那种方式计量的市场性和工具主义水平，在1850年至1950年的100年间，是提高了，降低了，还是丝毫不变这个问题，也还是相当重要的。[1] 即使是在描述性成分大得多的层面探求这个问题，也还是能告诉我们大量有关资本主义社会市场实际运作的很多情况的。尽管未必有可能阐明实际变化方向，但人们却会看得很清楚，市场性和工具主义水平从未像经济理论所说的那么高。

1850年，美国经济还是以农业生产为主导部门；据估计，1849年，在商品产量增加总值中，农业占60%。[2] 然而，农业代表着市场模型的一种混合情况。很多农产品，都是按照接近于现货交易市场的条件出售的，价格随着供求而波动。不过，由于生产周期长，农场主是做不到对那些市场信号作出适时反应的。小麦价格跌落，有可能导致农场主转产，但到产品上市时，那已是新的一年，一个新的产品周期，市场信号也许完全不同了。此外，使易腐产品进入市场的那种紧迫性，使得大多数农场主在其市场营销战略上的灵活性丧失殆尽。

诚然，这种对市场的依赖，有时诱使农场主设法节约资源，以 57
期按照市场价格获得尽可能大的报酬，但农产品市场却起伏无常。适值农场主非常成功地把劳动、资本和原料转变为最终产品的充裕供给时，生产过剩又可能导致价格的灾难性崩溃，而这又可能致使农场难以为继。

正是由于这种变幻莫测，农场主这才总是奋力使自己免受农

---

① 这几个年份的选择，只旨在作为例证用。不过，这一较近时候的目标，会以引用后工业趋势而使情况复杂化。

② 国情普查局，《美国历史统计资料，殖民地时期至1957年》(华盛顿特区：GPO，1960年)，第139页。

产品市场的影响。历史上，他们是采取种粮满足家庭需要，与邻居和商人建立复杂的相互尽责网络，强使行政当局给他们发放经济灾害救济，家庭成员挣农场经济外收入等办法，做到这一点的。说到底，农业，几乎总是依赖某种复杂的家庭经济的，在这种经济中，对个人自身利益的追求，通常也就是服从男性家长规定的家庭需要。归根结底，农场主在其行为上做不到纯粹工具主义，就因为他们没有能力对市场信号作出有效反应。

毫无疑问，既然1850年是我们的基准年，那也就必须强调指出，美国农业当时的很大一部分，是以奴隶制为基础的。这样一种强制劳动制度，代表了农场主设法使自己摆脱市场影响的另一种重要方法。在市场回报极不稳定的情况下，从事劳动密集农业的种植园主，便在短期工资劳动的基础上雇用工人以为替代。奴隶制为此问题的一个解决办法，分成制，是另一种解决办法。[①] 但两者效果相同：它们都减少了经济的市场性。

总之，尽管19世纪农产品常在现货市场出售，但农业作为一
58 个整体，往往还是有相对低的市场性的，因为生产者对市场信号作出有效反应的能力有限。此外，在这个时期，很大比重的经济交易是发生于家庭经济内部的。很多家庭，都自产粮食，自烤面包，自制衣服。在此时期，妇女儿童和家庭其他成员的无偿劳动，具有重大实质性意义，这就进一步使整个经济市场性降低了。

1850年前后占美国商品增加值30%的制造业，[②]通常都按小

---

① 有关分成制的讨论，参看杰伊·曼德勒，《黑人贫穷的根源》（北卡罗来纳州达勒姆：杜克大学出版社，1978年）；杰弗里·佩奇，《农业革命：欠发达世界的社会运动和出口农业》（纽约：自由出版社，1975年）。

② 国情普查局，《历史统计资料》，第139页。

型单位组织的。一般而论，这是取的商人向住户单位提供原料的承包制（雇工），[①]或是熟练工人在工厂内组织生产的分包制。[②] 这种安排，与纯粹工厂式安排相比，似是有更多市场性，但关键问题，在于承包价如何定。该市场模型要适宜，想完成那种劳动的人就得相互竞争，承包人也是如此，结果，承包价就得是一种竞争出价过程的结果。但我们掌握的一切证据，都是循相反方向行事的；承包人和发包人双方都各自串通着确定价格水平。劳动者奋力维护他们认为是惯常的、公平的价格水平，而雇主，则常常联手抵制那些要求，强行削减工资。是的，是有竞争，但它是工人反对雇主的竞争，而不是经济理论中的竞争。[③] 此外，很多工业品按价格不是特别具有灵活性的条件出售，这是有充分证据的。很多商品，都是通过稳定的供应网就地出售，买卖双方合力干预价格竞争。常按商品条件出售的纺织品，为此种模式的主要例外，但即使如此，实 59
际情况也还是缺乏真正的市场性。正常安排，是制造商将其全部制成品出售给特定销售代理商，后者随后向市场销售这些产品。[④]

总之，在我们所看到的图景中，高市场性是一种例外情况；在这种情况下，很难想象市场的运转会使经济达到均衡。在消费中占极高比重的，是家庭经济直接生产的。虽然农业经济受市场价格支配，但农户不可能是纯粹的经济参与者，他们不得不设法使自

---

① 艾伦·达利，《阶级与社区：林恩的工业革命》（麻省，剑桥：哈佛大学出版社，1976 年），第 1—2 章。

② 丹·克劳森，《官僚与劳动过程》（纽约：评论月刊出版社，1980 年）。

③ 有关欧洲环境下的讨论，见威廉·雷迪，《现代欧洲的货币与自由》（剑桥：剑桥大学出版社，1987 年），第 3 章。

④ 小艾尔弗雷德·D. 钱德勒，《看得见的手：美国企业的管理革命》（麻省，剑桥：哈佛大学出版社，1977 年），第 71 页。

己与市场相隔绝。劳工市场不发达,因为大多数人都从事个体经营,而那些受雇用的人,如制造业中的熟练技师,他们也往往按非市场考虑诸如习惯和工会力量等所形成的工资水平后,这才长期受雇的。最后,就个人行为这一层次说,嵌入性很高,因为大多数人,都是在强调互尽义务、劳作的神圣性和道德行为的重要性这样一种虔诚的框架内,从事他们的工作的。

这幅有关 1850 年美国经济的印象派图景所揭示的这种相对低市场性,依据市场资本主义不成熟这一点,即可很容易给以解释清楚。制造业的巨大增长以及一体化全国市场的建立,都还是未来的事,因此,社会尚未以市场制度和市场行为为中心充分组织起来,并不出人意料。不过,当我们往前看 100 年,那就有令人惊讶之处了。1850 年使社会的市场性降低的很多特征,业已消失,或是重要性锐减了,取而代之的,是以不同方式降低市场性的新特征了。

到了 1950 年,总产值中农业的贡献锐减,再就是,随着大多数家庭外购原系在家自产的商品和服务,家庭生产的重要性大为降
60 低了。这两项变化,在强化市场对所有社会生活控制有增无减这种总的看法上,或许是最重要的因素。但是,家庭和社区的经济自给自足程度的这一降低,并非就意味着人们越来越多地受制于经济理论中的那种自我调节的市场。更何况,家庭经济的衰落也不是全面而彻底的;对家庭中由无偿劳动所提供的服务的价值所作计算结果,相对于整个国民生产总值,仍然相当大。[①] 据威廉·诺

---

① 国民生产总值计算,不包括家中自产、自己消费的服务的价值。更何况,由于无以计量服务的价格或计量投入服务的劳动的价格,因此也就没有计量这些服务的价值的可取的方法。不过,如果假设劳动的价值等于同类劳动在市场所能获得的价值,

德豪斯和詹姆斯·托宾估计，1947 年非市场工作的价值，为 1596 亿美元，而国民收入总额是 2279 亿美元。[1]

但在农业在经济中的增加值从 60%降为 6.9%[2]的这 100 年间，若干经济部门却有非常显著的增长，这些部门甚至不受农产品市场的约束。首先，公共部门急剧扩大了，在 1850 年按就业和产值说，该部门所起作用是微不足道的。到了 1950 年，该部门已占经济全部领薪工时 11.7%，若加上非营利部门，总数即接近 14%。[3]其次，总产值中还有一个重要成分，系由仅向政府销售军品的私人公司组成。这样的公司，不是处于真的市场状况中的，因 61
为它们不能改弦易辙向他人销售其产品。20 世纪 50 年代工业产值中，近 10%系国防支出所产生。[4]

这 100 年间另一关键性变化，是现代公司的兴起，这必须理解

则估计，还是可以作出的。对这些研究的新近的评论，见安·沙多，“计量家务活动：若干国际比较”，《收入和财富评论》第 31 卷第 3 期(1985 年 9 月)，第 237—253 页。

① 诺德豪斯和托宾，“增长过时了吗?”，见米尔顿·莫斯编辑，《经济和社会绩效的计量》(纽约：国家经济研究局，1973 年)，第 508—553 页。

② 国情普查局，《历史统计资料》，第 140 页。

③ 就业数据的这种改变是必然的，因为政府和非营利实体对总产值的贡献，主要是按工资总额计量的。其所以如此，是因为与私营部门适成对比，不存在所产那类商品和服务的市场价值。公共和私营部门产值上引起的这种不对称，意味着国民生产总值数据，是一种成问题的计量尺度。就业数据来自商务部，《美国国民收入和国民生产核算账目，1929—1974 年》(华盛顿特区：GPO，1977 年)，第 216 页。非营利的人时数据，系据经济分析局提供的未发表的数据予以估计的，这是一些有关在非营利组织机构参与生产的人们的数据。

④ 迈克尔·赖克，“军费和利润的产生”，见理查德·C.爱德华兹，迈克尔·赖克，和托马斯·E.魏斯科普夫，《资本主义制度：对美国社会的彻底分析》(新泽西州，恩格尔伍德—克利夫斯：普伦蒂斯—霍尔，1978 年)，第 409—417 页。另见瓦西里·列昂季耶夫和马文·霍芬伯格，“裁军的经济效应”，《科学美国人》，1961 年 4 月，第 47—55 页。

为减少经济的市场性的另一手段。[①] 资本主义发展的极大讽刺，就是市场竞争导致愈来愈大的公司之增长，这些公司凭借其资源，减少了经济理论中的价格竞争。它们达成这一结果的一种方法，是以内部采购取代市场交易。这个纵向一体化过程，意味着本来应发生于市场上的千百万种交易，在一个公司实体的各个单位之间完成了。这不只是在福特公司创办其自己的钢铁厂之时发生了，而且在各公司创办它们自己的法律机构或金融机构时发生了，因为这些也是可以在市场购买的服务。

公司还能以其资源减少最终产品交易的市场性。诸如掠夺性定价等类手法，可用以削弱潜在竞争对手。通过承受短期亏损来把潜在竞争对手逐出市场，公司常能大幅减少竞争。[②] 它们还可以利用政治能量，让政府制定政策，从而设置挡住竞争者进入的壁垒。但最常用的措施，则始终是创建现代广告和商标机制。[③]

62 商标效果依赖于市场的缺陷；消费者常缺乏判断竞争产品优点的信息。一个人们熟悉的商标，能赋予顾客可靠性的允诺，顾客是常把可靠性看得比价格还重要的。例如，常有人说，知名快餐特许经销权的重大成功，就以这样一个事实为依据，即同进入一个无名气的地方餐馆相比，游客更加信任质量管理。

不过，投资公认商标之利，使大生产者受经济青睐。首先，投

---

① 威廉森，《市场与层级》。另见加尔布里尔·科尔科，《保守主义的胜利》(纽约：自由出版社，1963 年)。

② 这一点和类似策略的重要性，理查德·B. 杜博夫(DuBoff)和爱德华·S. 赫尔曼，“艾尔弗雷德·钱德勒的新经济史：评论”，载《政策与社会》第 10 卷第 1 期(1980 年)，第 87－110 页，给予强调了。

③ 约翰·肯尼思·加尔布雷思，《新工业国》(波士顿：霍顿·米夫林，1967 年)，第 204－210 页。

资打响一个商标，是一掷千金之举，会设置竞争新手进入无门的壁垒，强势商标影响范围常为全国性情况下，尤其如此。① 其次，置多重产品线于同一商标保护伞下，因而广告效果因涉及多种产品而倍增时，尤其有利。

表明这些考虑之重要性的最惹人注目的新近一例，当推国际商用机器公司之在个人电脑上取得的成功。国际商用机器公司最终进入该市场时，与竞争者相比，其产品既无技术上略胜一筹可说，又非价廉引人注目，这是众所周知的。然而，国际商用机器公司却赢得了很大一块市场份额，且基于其声誉的影响力，确立了该行业的标准；适值市况呈不确定性弥漫之时，其商标提供给了消费者以某种可靠性允诺。②

但若我们回到 1950 年，则显而易见，即令到了那时，经济也还是受很多大公司支配的，这些大公司，能大大减少多种市场上价格竞争的作用。③

减少经济的市场性的最后一个重要机制，是专业人员就业的增长。虽说职业化的兴起，可以看成是在某些劳动力市场创造垄 63
断的一种努力，④然而在这里，职业化还有一个方面也是重要的。职业化也可以看成是在这样一种市场减少机会主义的一种社会手

① 机构庞大的现代广告业，也可以看成是另一种方式的市场性的减少。为求改变消费者的偏好，广告业是违反偏好是外源形成、即经济交易领域外部形成这一假设的。

② 普拉特和泽克豪泽，《主理公司与代理公司》，第 13—14 页。

③ 行业集中程度的数据，见约翰·M. 布莱尔，《经济集中：结构、行为和公共政策》（纽约：哈考特布雷斯约万诺维奇，1972 年），第 1 章。

④ 参看马加利·萨尔法蒂·拉森，《专业主义的兴起》（伯克利：加利福尼亚大学出版社，1977 年）。

段，在这种市场，信息不平衡尤为重要。例如，医生如果也就是出售社会保健服务的人的话，那么，不必要的手续次数与现行的相比要高得多。职业化，是通过把一个人纳入职业道德准则，从而把他或她的行为嵌入社会框架的一种手段，其结果，被认为会大大减少其后引起的交易的市场性。①

职业化这个方面的经济重要性，要比专业人员受雇人数所能表明的大得多。现代资本主义，在越来越大的程度上依赖于可望与纯粹工具主义活动相隔绝的职业群体。如果会计师照其客户告诉他们的那样“篡改账本”的话，投资过程必不可少的基本数据，也就会不可靠了。如果律师可以随心所欲地向出价最高的人出售他们的服务和他们所搜集的信息，合同也就会成为一张废纸。如果银行家可以肆无忌惮，违背谨慎为本的职业承诺，随心所欲极大化其盈利率，那就会几乎毫无金融稳定可言。这些例子，可以不假思索，举一反三：其他群体，例如工程师、记者、股票经纪人和大学教授等各行各业提供的服务的质量，要是纯粹工具主义的行为大行其道的话，就都会被破坏殆尽。②

在当代经济中，除了公共部门和非营利部门扩展、巨型公司增
64 长和各种职业兴起外，商品和服务交易的市场性还在另外一些方面减少了。正如在1850年那样，各公司供应品的很多采购，还是继续根据长期关系进行，或者是与不可能形成真正价格竞争的少

---

① 这个论点，类似于塔尔科特·帕森的对专业的神圣方面的解释（“社会结构中的专业”，《社会学理论论文集》[纽约：自由出版社，1964年]，第33—49页）。

② 这些例子表明，对此案专业服务不加调节的思想的愚蠢。市场自身就能组织这种服务这种看法，是无稽之谈，因为这种专业的整个思想，就是使其成员与纯粹市场行为相隔绝。

数供应商进行的。[①] 至于劳工市场，随着个体经营者锐减，它的规模是大为扩大了。然而，这些交易的市场性，还是相对较低。到1950年为止，工人按现货市场条件雇用的，相对很少了。除流动工人外，大多数蓝领和白领工人，都根据允诺继续雇用的默认契约和内部劳工市场工作。

默认契约和内部劳工市场，是对机会主义问题作出反应的手段。[②] 如果一个员工把他或她自己看成也就是在某个地方工作一天或一个星期而已，那么，他或她很可能是出工不出力的。既然就连一种精心计划的监控制度，也只不过是解决这个问题的部分办法，[③]雇主也就往往以允诺确保连续雇用和工作流动，以求提高出工又出力的水平了。诚然，问题依旧在于雇员是否愿意像雇主所希望的那样努力工作，但这些问题，不像雇员按现货市场那样雇用所遇到的问题严重。

最后，如果把分析转向个人行为层次，则似乎很明显，往往包围着经济行为的宗教动机大大减少了。[④] 世俗化意味着，宗教信仰与以前任何时候相比都带有更多的私人性质，宗教信仰与经济

---

① “作为回答，大部分业务都在长期关系环境下进行。涉及声誉的微妙的机制，对未来晋升的允诺，和来自比完全竞争长期合同要不充分的剩余，对这样一种经济有帮助，就这种经济说，为求次优解，信息不是免费共享的”（普拉特和泽克豪泽，《主理公司和代理公司》，第14页。）

② 参看威廉森，《市场与层级》，第57－81页。

③ 这种监督的经典形式，是一种计件工资制，但其计件率，在一切就业形势下，显然都是不切实际的。此外，既然不打算久留的工人不大可能“好好干”，亦即达到得红利所必需的生产率，他或她也就不会有积极性去生产出多于最低要求的任何产品。见迈克尔·布拉沃伊，《制造业中的一致：垄断资本主义条件下的劳动过程的变化》（芝加哥：芝加哥大学出版社，1979年）。

④ 弗雷德·赫希，《增长的社会极限》（麻省，剑桥：哈佛大学出版社，1976年），第137－151页。

自身利益追求之间的紧张关系缓和了。不过，植根于宗教信仰的
65 道德上的考虑，依旧对人们起着束缚作用，强使他们不表现出纯粹工具主义行为，否定这一点会是错误的。此外，出现了一些新方法将个人行为嵌入社会结构之中，从而收紧两者之间松弛的关系。信奉职业理想越来越重要这一点前已讨论。公司的兴起有助于将个人行为嵌入社会结构之中，这也是明显的。在公司背景下，受价格驱动的行为，远不如过去重要了，流动的机会，与上司的评价和相对抽象的绩效衡量标准关系密切得多。此外，在 1950 年，个人对公司忠诚还与一心只顾个人自身利益格格不入，也是显而易见的。就业保障的隐含允诺和实现企业内流动的可能性，得到了雇员献身于企业的回报，这就进一步减少了工具主义行为的吸引力。

以上对 1850 年的经济与 1950 年的经济所作的比较，不允许我们对市场性和工具主义总体水平是上升了还是下降了作出任何明确的判断。但无论就哪一年说，引人注目的都是，尽管经济结构发生了巨变，偏离高市场性和高工具主义的程度却非常大。无论在哪一个时点，通过价格对边际决策的影响而使供求达成平衡的市场模型，都只适用于全部经济交易中的一小部分而已。

历史比较也是旨在说明，没有一个历史时刻的整体市场性水平比无论是 1850 年还是 1950 年高得多。1850 年存在的与市场隔绝的种种形式，即家庭生产的重要性、农业的中心地位以及个人行为嵌入家庭宗教动机等，都没有一下子消失。一直进入 20 世纪后，它们都依然重要。与此同时，1950 年时显著的新型隔绝，即公司的兴起、公共部门的增长以及职业化的作用越来越大等，19 世
66 纪晚期就已出现了。充其量可以说的是，19 世纪最后几十年间，由于老式隔绝减少比新式隔绝发展快，因而或许有过市场性水平

的小小提高，但是，任何一种变化都因现代公司的巩固而被迅速抵消了。

这一论点强调了市场性水平的相对稳定性，但中心意思并不是说，有某种市场性的均衡水平，社会可以设法通过某种稳定机制保持这种均衡水平。中心意思是要说明，资本主义已经产生的高水平经济效率，是伴随着相对低的市场性水平而来的。[①] 要讨论的下一个问题是，为什么社会没有追求高得多的市场性水平和大得多的工具主义行为所可能带来的利益。

市场模型存在的问题

很久以来就有一种论点，常常指明市场要自我调节就必须满足的各项条件，如完全竞争的市场、外因形成的偏好等，强调市场均衡框架背后的这些假设是不符合实际情况的。然而，这类批评，仍然使得人们有可能继续采用市场自我调节模型，把它看成一种最终实现不了的理想，但却是社会所渴望达到的一个目标。

这里的论点，适成对比，是指出致力于创建一种接近于高度市场性、高度工具主义行为的理想类型的经济，会是有灾难性结果的。[②] 相对低水平的市场性，可以理解为理性选择的结果，这种选择，就是要避免高市场性的高成本。事实上，资本主义业已产生的

---

① 相似论点，见杰弗里·M.霍奇森，《经济学与制度：现代制度经济学宣言》（费城：宾夕法尼亚大学出版社，1988 年），第 167－171 页。他写道："按照纯粹收缩性思路，一种'纯粹'市场制度或交换制度，实际上是起不了作用，在理论上也不能接受的。"（第 167 页）另见埃茨阿尼，《道德方面》，第 5 章。

② 这一论点的经典来源，是卡尔·波拉尼，《大转变》（1944 年；再版，波士顿：灯塔出版社，1957 年）。

经济利益，就是市场性水平低、行为嵌入度高的一种结果。高市场
67 性的某些经济弊端，前已提及，但信息和时间承诺等问题，尚需深入讨论。①

信息和交易成本

市场通过价格变动达成均衡的能力，依赖于买卖双方遏制普遍欺骗行为的信息的足够均等。例如，当相当多买主得不到他们认为他们为之付出的东西时，就不会有偏好和效用上的有效均衡。此外，既然弥补信息赤字的成本常常大得令人咋舌，社会也就发展出了多种方法，用以克服信息问题和减少交易的市场性。这些手段，可以理解为是旨在克服市场交易所固有的低效率的方法，市场交易就发生在信息不均等的实际世界上。

这样一种低效率的一例，发生于美国丝绸业，其时，丝绸生产者发现，在产品中掺入超量化学制品，即可使其丝绸产量提高。使用当时的技术，这种掺假行为，根本难以觉察或查明，但结果是，用这种掺假的丝绸做的服装，耐久性大大降低了。妇女打开衣橱时，发现新买的浅色丝绸服装变黑了。既然丝织品是在商品市场出售的，而生产者中，又没有一家有实力创造出类拔萃的名牌产品，竞争的压力势必迫使人人参与掺假。时间一长，市场起作用了，也就

① 高市场性瑕疵中，有的尽人皆知，不必详加研究。众所周知，单是市场，那是会出现公共货物生产不足，而负外部性、如环境污染等，则生产过剩的。高市场性的配置结果，也是极其消极的；公共福利制度，可以理解为就是减少人类劳动交易的市场性。这后一点，见弗朗西斯·福克斯·皮文和理查德·A.克洛沃德，“当代救济争论的历史根源”，收入弗雷德·布洛克，理查德·A.克洛沃德，芭芭拉·埃伦赖希，和弗朗西斯·福克斯·皮文，《主要原因：对福利国家的抨击》（纽约：伟人祠图书，1987 年），第 3—44 页。

是消费者醒悟了，转用其他织物了，但宏观经济的结果，却是曾为极具生命力、极具生产率的一种工业毁于一旦。[①] 这当然有些危 68
言耸听了，可即使没有达到那么极端的程度，这种信息不均等的效率成本，也还是可以很大的，因为生产者没有用给定资源生产一流产品的积极性了。

在产品与人类生存休戚相关的情况下，消费者易于遭受产品掺假的危害所带来的通常结果是引来政府调控。职业化，也是克服服务市场信息不均等的一种手段，而且通常需要有某种政府调控结构。如前所述，名牌产品提供给消费者以某种额外的保险，就是卖主不会过多地利用信息不均等以自利。此外，以内部生产替代外购的公司，有时这样做，就是为了克服它们自身易受外部卖主损害的风险。

就劳动力市场而言，高市场性在三个方面降低效率。首先，如上所述，短期受雇工人，几乎没有按高水平投入生产的积极性。其次，若是所有工人均为按当场交货合同受雇的，组织很多工作所需的工人在岗培训，就成为极其困难的事。业已获得某几类有关生产过程关键信息的员工，几无与其他员工共享信息的积极性；这种信息共享，只会削弱他们自己提高了的讨价还价地位。[②] 第三，这样一种合同制，会挫伤员工发表意见的积极性，发表意见，是员工能提供给雇主更多信息的一种机制。艾伯特·赫尔希曼曾指出，组织内部畅所欲言这种机制，由于能使管理人员清楚意识到本组

① 菲利普·斯克兰顿，“极不规则的企业”（递交“技术与文化”讨论会的论文，宾夕法尼亚大学，1985 年）。

② 威廉森，《市场与层级》，第 63 页。

织运转上存在的问题，而非常有助于提高效率。[1] 不过，若看到问题的员工，不对本组织关心备至，甚或是想着干脆一走了之，则问题就不会得到反映，在市场信号强到足以显示问题前，局面会恶化一段时间。

69 机会主义与时间承诺

信息不均等的很多问题，都可理解为机会主义问题，因为总是有人利用这种不均等，追求自己的利益。不过，还有一类与时间问题有关的机会主义。[2] 在商品市场上，商人以闪电般速度重新估计自己利益的能力，显然是一个长处；这种估计愈迅速，价格达到其适宜水平就愈快。不过，当此对自身利益的快速重新估计发生于商品市场外时，结果可就不是同样有利了。问题是，生产通常取决于一群人之间关系的某种稳定程度，[3]而对自身利益的快速重新估计所破坏的，正是这种稳定。

一个简单例子，是当某个人不断搜寻企业之外的、更有油水的就业机会时，在企业内发生的分崩离析。首先，找工作这件事，是既耗时间，又耗精力，而且，这个人的工作业绩很可能会受损。其次，这个人会离职的这种可能性，很可能导致他所在群体内的关系的瓦解。人们与潜在离职者共享重要信息的可能性减少了，若是此离职者是到同一行业的另一企业的话，情况尤其严重。再就是，

---

① 赫希曼，《退出、离去、发言权和忠诚》(麻省，剑桥：哈佛大学出版社，1970 年)。

② 这里的论点，是赫希在《增长的社会极限》所持论点的一个变体，他的论点认为，资本主义的活力，取决于前资本主义价值观的持久性，而那种价值观，往往会因为经济进步，而逐渐受到损害。

③ 用经济学的语言，生产，是具有一种跨时性的。

人们的焦虑可能会增加，因为潜在的离职，会迫使人们重新考虑现有的结盟关系，加剧填补可能的职位空缺的竞争。最后，离职本身，就造成过渡成本，因为企业必须着手培训一个新的在职者以接替离职者的工作。

诚然，某种数量的人员更替，对组织也可以有好处；它打开了流动之路，而且总有新的一套关系较之原有的运转得好的可能性。但这些事件，愈是频繁发生，涉及人数愈多，完成任何一项工作的 70
困难就愈大。假如一家企业的百名高层管理人员天天都在冥思苦索企业外的机会，那么，不稳定情况就会变得不堪负担。谁也别抱什么幻想，因为 6 个月后，谁会身居要职都无从断言。结果也就谁也不再从长计议，而组织的下层主动性，则日少一日了。

类似问题，也见于组织通过内部岗位很快使人交替轮换上。[①]若是某某人知道自己很可能在某个职位只能待上 6 个月的话，他便几乎没有动力去熟悉该具体工作，且关心所在单位的长期生命力。他倒是很可能专注于很快就能实现的高度可视的结果。这充其量也就是意味着，该单位实现了改组，但并未实现真正目的；往最坏方面想，则是意味着一种以牺牲长远考虑改善短期结果的努力。经典例子，是这样一位工厂经理，他拖延调拨重大维修经费用以改善基础设施，以期在被拖延的维修的结果显现之前，自己就得到晋升了。

随着更激烈追求内、外流动的可能性而进行的对自身利益的迅速重新估计，也破坏了保护人们免遭信息不平衡剥削的个人联

---

① 罗萨贝特·坎特，《公司里的男女》(纽约：基础图书出版公司，1877 年)，第 163 页，第 272—274 页。

系网的效能。正如格拉诺维特(Granovetter)所说，个人联系，在管理市场关系、诸如供货商与采购商关系上，往往十分重要。[①] 这种个人联系，能减少质次零部件运出可能性，或提高迅即交货允诺的可靠性。但这两种职位的在职者流动性极高时，情况就变了。若供货经理知道，过了这一周，由于改任另一职位，自己便永远不会再与那位采购商打交道，那么，就没有理由不发出低于标准的货物，或把那位顾客置于交货排队的末位了。

71 考虑到公司和公司下属各单位，就像商品那样，也越来越多地在市场上进行买卖，这些论点的重要性，就不言而喻了。虽说长期以来，公司的购并，一直就是一大景观，这些收购现在常视为暂时的了。一家公司全部买下另一家，仅仅在于重组一下它的构成，而后再度卖出，以谋利。此过程的本质一直是，劫掠公司者全部买下多家公司，而后卖掉其不同组成部分，此举所据理论是，单独一项一项的资产，价值大于一体化公司的股票的价值。

这一切，均已用市场名义证明是有理的。若是公司以及公司下属各单位可像小麦那样加以买卖的话，那么没有充分利用其生产资源的高层管理人员，即可更容易地被更有效的管理人员所取代，资本就将更有效地配置给更有效的企业。但这一思路所忽略了的是，公司的效率依赖于相对稳定的一组社会关系，而这种关系，已被这些金融交易彻底搞乱了。公司最初换掉高市场性安排的原因，就因为单纯市场关系无效率；把公司变成一种商品预示着行将毁掉由此而提高的效率。

---

① 格拉诺维特，“经济行为和社会结构”，第 496 页。

有理由相信，这些公司的接收成本很高。① 有的报告指出，就易陷入长期接收战的公司说，与接收递价无关的工作几乎很少在管理层继续进行。不参与接收的直接任务的那些管理人员，担心他们的就业前景。② 而且，这种担心是有道理的，因为很多管理人员在接收前就已调换岗位，还有很多则开始到处寻找其他机会了。难以想象管理层如此漫长的人心惶惶、大批人易位时期，对企业的 72
效率不会产生负面影响。更何况，受影响的企业，刚刚开始趋于稳定，旋即又被卖掉，且经历另一场管理层动荡，还是司空见惯的事。

这一切中最严重的危险是，包括整个企业的收购和出售在内的金融活动，现已成了社会的主要经济活动。③ 问题在于，在金融市场，人们可以在一个相对短时期内就发大财，而以生产某种产品或管理一家公司以图发迹，那或许就是再经年累月呕心沥血，也还是一个遥遥无期的梦想。因此，若是人们开始更频繁地重新估计其利益的话，其中必有更多的人最终是在金融市场上打拼。这种情况已经出现，年轻律师和投资银行家，其中有很多法学院毕业才几年，就因为为纽约各投资银行一手操办购并交易，常常年挣数千

---

① 参看爱德华·赫尔曼和路易斯·洛温斯坦，“敌意接收的效率效应”，见约翰·C.科菲，小路易斯·洛温斯坦，和苏姗·罗斯－阿克曼编辑，《骑士，劫掠者和目标：敌意接收的影响》（纽约：牛津大学出版社，1988 年），第 211－240 页；戴维·雷文斯克拉夫特和 F. M. 谢勒，《兼并、跌价和经济效率》（华盛顿特区：布鲁金斯学会，1987 年）。

② 巴罗·赫希报告说，最高层管理人员中，在其企业被接收合并 3 年内，有 52% 跳槽（随身携带降落伞：如何幸免于兼并，接收和其他公司疾病[麻省雷丁：艾迪生－韦斯利，1987 年]，第 52 页）。

③ “我们，在把我们越来越多的资源，包括我们的年轻人中的精华，投入远离商品和服务生产的金融活动，投入产生相对于其社会生产率不成比例地高的个人报酬的活动”，据援引，詹姆斯·托宾曾如此说（沃伦·A.劳，“评论”，收入科菲、洛温斯坦和罗斯-阿克曼编辑，《骑士、劫掠者和目标》，第 262 页）。

万美元，比涉及此类交易的大公司的岁数大得多的首席执行官所挣还要多。[1]

结果是，在处理与其企业的关系上，高层管理人员表现出了越来越多的工具主义。这种情况的一个迹象，是“黄金保护伞”这种现象，根据这种安排，企业一旦成为成功接管的对象，高层管理人员就能稳拿极其丰厚的离职金。作为黄金保护伞的一部分，有一位总经理就得到了一笔 3500 万美元的款项。[2] 这些安排，作为确
73 保企业主管的忠诚的一种手段，是证明为正当的，但这只是强化了这样一个观点，也就是，在有了对利益的迅速重新估计之后，忠诚变得成问题了。例如，可以很容易地想象，一家公司的首席执行官，从知情人信息交易中可赚的钱，要比他或她严格管理公司所能得到的，多得多。鉴于近年来的知情人炒股丑闻，一个首席执行官蓄意为一个公司制造坏结果，以此通过在股市上卖空取得巨额利润这并非不可想象。[3]

总之，一个经济要高效运转，忠诚和可靠就必不可少，否则，为弥补市场信息不均等而建立的种种机制就会失灵。不过，当人们根据对自身利益的连续不断重新估计行事时，忠诚可靠的基础，就给毁了。结果是，不仅存在经济成本很高的不确定性，而且有机会

① 为实现公司全部收买，而给参与销售低档债券的人以奇特的酬金，见康妮·布鲁克的讨论，《损人利己者的赏心乐事：低档债券劫掠者和拿这种劫掠者冒险的人》（纽约：西蒙与舒斯特，1988 年）。

② 小约翰·C. 科菲，“股东对经理：公司网的紧张关系”，收入科菲、洛温斯坦和罗斯一阿克曼编辑《骑士、劫掠者和目标》，第 134 页。

③ 新近的一个案例，与这里谈及的情况相似，即凯泽技术公司的管理部门控告该公司总裁违反证券法，该事件与该公司股票短期交易有关（“凯撒技术公司控告其总裁，克洛尔，告以所谓违反证券法”，华尔街日报，1988 年 3 月 2 日）。

主义行为蔓延，遂致经济效率递减。

结　论

本章首先提出这样一个论点，就是对各种经济在不同时点的市场性程度作一全面比较，以此评价那些经济与经济学家所阐述的自我调节的市场模型距离有多远或多近，这在理论上是可行的。这个论点的关键是要证实，实际经济，代表了微观经济选择、社会调控和国家行为的一种极为复杂的组合。考虑到这些安排的复杂性，市场争议双方提出的种种总括性论点，理智地看，似是很可疑的。扩大市场的自由度，就必然提高经济效率这种看法，纯属一种带有思想形态性的看法。而且，增加经济的计划性就必然导致更多合理性一说，也同样有问题。人们无从预先知道，增加或减少某种经济的市场性会有什么效果；结果取决于复杂的社会过程。

对经济争论的这几个普通口号所持的这种怀疑态度，未必导致麻痹和绝望。正相反，本章的目的，就是要清除林下灌丛式的种 74
种不必要的假设，以期为更具体地考察一种性质上日趋后工业的经济的实际制度安排。这样一种考察将表明，新古典经济学的几个概念，已经是越来越偏离现实了。

75 # 第四章　劳动

在所有经济范畴中，劳动这个概念，都既是最基本，内在问题又最多的一个概念。经济学家就是用这个范畴，来理解生产过程中的大部分人力投入的。然而，在以相似方式论述生产的主要投入即劳动、资本和原料时，经济学家却又往往会脱离人们身在其中的社会关系来分析劳动。成为生产过程的一种投入的，并不是一个个具体的人，而是他们的特征之一，即他们从事劳动的能力。但这又是一种自相矛盾说法，因为人从事劳动的能力，并非与生俱来；这种能力，是社会所创造、所维持的。

这种自相矛盾的说法，意味着在分析劳动的有效利用时，经济学家必须有一种理论，一种有关社会安排的理论，这种社会安排，能使人们从事劳动的能力实现最大化。这一理论，不必详尽明确；正相反，它常是经济分析的一个含蓄的或是隐蔽的方面。事实上，传统的新古典经济学，就往往会把这些社会关系作为一个不成问题的问题来加以处理，而同时，又想当然地认为，雇主对工人享有无异议的权威，既是自然的，又是必然的。近些年来，劳动经济学家开始明确论述可以使劳动利用最优化的种种社会关系，而这些系统阐述，常常是背离新古典假设进行的。

本章的论点是，就连经济学家提出的这些较新的、较明确的理
76 论，也未能充分分析当代生产的社会方面。该论点分三部分阐述。

第一部分，主要谈理论，就是分析有效利用劳动的若干隐含和明确的理论。第二部分具有经验性，是考察当代美国经济的技术水平方面的实际趋势。第三部分则试图根据经验趋势，提出有关有效利用劳动的一种可供选择的观点。

有效劳动理论

在新古典经济学中，劳动力市场与其他任何商品市场都是大致相似的。人们都在通过价格实现供求平衡的不受个人感情影响的市场，竞相出售各自的劳动力。当劳动、资本和商品连锁市场体系正常运转时，劳动力市场的每一个新加入者的价格或工资，都将等于他或她的边际产品，亦即他或她受雇于一个企业家时将生产的新增产量。正如我们注意到的，照此观点进行分析的人，有时认为，不论是资本家雇用工人，还是工人雇用资本家，实际上都无关宏旨，因为劳动和资本，都是在处于均衡时由其边际产品报偿的两个生产要素。①

照此观点的最纯粹的变体，即劳动的有效利用，也就是意味着，听凭市场机制自行发挥作用。干预市场，例如工会施以干预，把工资哄抬到高于市场水平，是被视为原本就是无效率的，因为此类干预所导致的，并非劳动的最佳配置。类似地，据以替换工人的资历原则，也是不能接受的，因为雇主是要能自由地力争实现这样一种选择，就是只要有年富力强的工人，就决定雇用此类工人的。

---

① 巴罗·萨谬尔森写道，"按照竞争模型，是资本雇佣劳动还是相反，毫无区别"（引自塞缪尔·鲍尔斯，"竞争经济中的生产过程：瓦尔拉，新霍布斯主义和马克思主义模型"，《美国经济评论》第75卷第1期，1985年3月，第16—36页）。

此外,对市场施以外部调控,也是不必要的,因为经济竞争,业已使每个雇主都承受极大压力,乃至非尽可能最有效利用他或她的劳动不可了。

77 这一简化模型,最适于雇员的技术水平相对低的一种经济。否则,就难以想象劳动力市场会迅速调整,扭转各种混乱局面。例如,据认为,要是某一工业由于某种原因衰落在即,失业工人便会较快地在另一经济部门找到工作。这样一种阐述所隐含的意思是,各个工业几乎没有什么自己特有的技术,能妨碍例如失业的汽车工人迅速适应计算机工业。

近年来,劳动经济学的很多著作,都致力于超越这些阐述了。具体而言,经济学家强调了简单的新古典框架有缺陷的两个关键方面。首先是发现了"内部劳动力市场",亦即企业用以配置劳动的那一套复杂的行政管理机制。[1] 企业从企业外雇用人员,大都往往是为了填补入门一级空缺职位的人员,而后,逐步提升他们的职业层级。因此,一个企业所作的雇用决策中,有很多,与外部劳动力市场是相对隔绝的。而这也就意味着,实际上存在着许多一定程度上相互隔绝的劳动力市场,而非一个囊括一切人的统一的劳动力市场。[2]

与此独到见解不约而同提出的,是这样一种论点,那就是,员工所得工资高于市场决定的工资,这对企业来说,很可能会是卓有

① 彼得·B.德奥林格(Doeringer)和迈克尔·J.皮奥里,《内部劳动力市场和劳动力分析》(马萨诸塞州列克星敦:D. C. Heath,1971年)。

② 对以存在内部劳动力市场为基础的新古典观点的最系统批判之一,见奥耶·B.索伦森和阿尔内·L.卡勒贝里,"概述使人尽其才的工作的一种理论",收入伊瓦尔·贝里编辑,《劳动力市场的社会学视野》(纽约:学术出版社,1981年),第52-74页。

成效之举。这个论点,也是源自这样一种认识,就是大多数劳资关系,都不是以现货交易市场为基础确立的;而是似有某种默认契约,据此契约,雇主提供就业保障和就业流动性的前景,以换取员工竭尽全力工作。[①] 换句话说,雇主自愿限制他们自己用年轻一 78
些、成本低一些的员工替换现有员工的行事能力。“效率工资”理论,就是旨在为管理人员的这种选择提供一种解释的。[②]

这些效率工资论点,强调劳动有别于其他商品,因为购买者获得他或她所购买了的全部价值的能力,非有劳动者予以合作不可。因此,高于市场工资的工资,允诺就业保障,和利用内部职位阶梯激发员工积极性等,就都可看成是诱导员工合作的手段。该学派最重要理论家之一乔治·阿克洛夫就曾指出,劳资关系,应该看成是一种部分礼物交换,员工突破定额,竭尽全力工作,而雇主,报之以比可望得到的还要高的工资。[③]

这种有效利用劳动的看法,与简单化的新古典看法迥然不同。一旦把管理看成是在相互谅解的网络内付诸实施时,采取任意解雇员工的霸道的管理策略,似乎就会产生适得其反的结果。不过,作为一般管理策略而言,避免任意的和多变的解雇行为和削减工资之举,实际上是对隐含于效率工资论点的管理权的唯一限

---

① 强调工资稳定性的默认契约这一概念,见科斯塔斯·阿扎里亚迪斯(Azariadis),“默认契约和失业均衡”,《政治经济学杂志》第83卷第6期(1975年12月):1183—1202页。概念随后的使用,既强调就业保障又强调收入保障;见保拉·英格兰和乔治·法尔卡斯,《家庭、就业和性别:社会、经济和人口学观点》(纽约:仿阿尔定版书籍出版社,1986年),第132—136页。

② 尤其参看乔治·A.阿克洛夫和珍尼特·L.耶伦(Yellen)编辑,《劳动市场效率工资模型》(剑桥:剑桥大学出版社,1986年)。

③ 乔治·A.阿克洛夫,“作为部分礼物交换的劳工合同”,见阿克洛夫和耶伦编辑,《效率工资模型》,第66—101页。

制;[1]然而这种看法还是认为,企业的有效管理取决于对管理权的最少干预。

虽然效率工资见解,是处理有效组织劳动问题上的一大进步,但其有用性还是有限的,因为这一见解未能更为仔细地考察强制与合作的关系,这一关系是处于雇佣关系表面之下的。

79 强制与合作问题

有关劳动力市场的新古典分析中明显的一个方面,强调不受约束的选择自由;劳动合同,是一种等价交换,其中,工资是对工人辛劳的公平补偿。然而,卡尔·马克思倾注很大身心,证实了隐含于这些机制内的强制的一面。潜在的工人,是有在提供多种不同的工资和工作条件的雇主中进行选择的自由,但是,这种选择,与消费者是买褐色裤子,还是买黑色裤子的选择,非常不同。后一决策,是自由决定的,潜在的工人,则**必须**与一位雇主签约,否则就会冒穷困潦倒或者可能挨饿的风险。[2] 此外,强制还不限于此;在与特定雇主签订劳动合同时,潜在工人对雇主还得答允言听计从。蔑视权威,无异于中止合同;工人可能由于不服从雇主意愿而失业。第一种强制,显然强化了第二种强制。[3] 工人一旦认识到,除

---

① 效率工资理论家,在一个企业已允许其工资水平,达到比其竞争者的工资水平还要高的这样一种具体情况下,很可能会把削减工资作为一种策略予以捍卫。

② 新近的一项讨论,见保拉·维拉,《构筑劳动市场:有关意大利钢铁工业和建筑业的一项分析》(牛津:克拉伦登出版社,1986 年),第 6—7 页。

③ 这种种强制,都可看成也就是生物学必要性的结果,因为,历史上,人口中大部分工作不够努力,很容易就导致大规模饥饿。但在发达社会,一个农场主即能生产出足以养活数百家庭的粮食,生物学需要,也就解释不清特定的一类社会安排的存在了。

了饥饿，或者遇上更暴虐的潜在的雇主外别无选择时，便只有听命于现在的雇主了。[①]

这一有关劳动力市场和雇主的强制的分析，并非只是资本主义激进批评家的发明；它还隐含于很多经济分析中，包括新古典阐述中。对这些强制形式的必要性的隐含信念，在人们辩论是否可以用其他模式代替现行制度模式时，变得非常引人注目。[②]

例如，有关福利政策的辩论，一再揭示出劳动力市场强制的一 80
面。美国历史上就有过多次事件，都把经济问题归咎于过分慷慨的福利制度，认为这种制度干预了劳动力市场的正常运转。[③] 对贫困者的种种资助，从失业保险院外救济到对拥有受抚养子女家庭的补助，因为提供给了失业者另外一种选择，使他们可以不接受所提供的第一份工作，而遭到了谴责。通常的政策处方，是大幅度削减福利供应量，以期强化劳动力市场的纪律和支持雇主在工作场所行使职权。

即使在实施这些严厉限制福利的运动期间，经济学家和企业家也还是认为，福利计划应该与市场相一致，也就是说，它们应尽可能少地干预劳动力市场对从事劳动和默从管理当局的个人施加的压力。例如，20 世纪 70 年代，政府对保证性收入的检验发

---

① 历史上，这种选择还要突出，因为对抗的雇员，常可能自以为被列入黑名单，因而找不到自己那一行的任何工作了。

② 诚然，这几种强制有时给软化了。失业保险和福利金等制度，一度保护着工人，使之不接受提供的任何工资。此外，家庭和社区等纽带，也提供了免受劳工市场纪律制裁的保护。工会以及各种对工人的政府保护也给雇主权威以限制了。

③ 参看弗朗西斯·福克斯·皮文和理查德·A. 克洛尔德，“当代救济辩论的历史资料”，收入弗雷德·布洛克，理查德·A. 克洛尔德，芭芭拉·埃伦赖希和弗朗西斯·福克斯·皮文编，《麻烦的季节：对福利国家的抨击》（纽约：伟人祠图书，1987 年），第 3—43 页。

现，补助金接受者在工作上有某种懈怠的趋势时，这个结果就足以败坏负所得税的名声，使人们认为这一税种与市场不完全一致。[1]

经济学家和企业家较少谈及管理上的强制的必要性，这也许因为这样的强制往往与民主和主张人人平等的价值相抵触。对管理上的强制的辩护，通常隐含在有关“管理权”的论点中，这种论点
81 强调，干预管理行为的自由会带来经济成本。[2] 不过，在一个关键地方，即在对就业合同的管辖权上，则明目张胆地为这种强制做辩护。在裁决与员工权利有关的讼案时，法院一再维护管理权威的神圣性，即使在立法机关成员有意要削减那种权威的情况下，也是如此。谈及联邦最高法院对瓦格纳法的解释时，詹姆斯·阿特莱松写道：

> 对第七款的适用范围施加的限制，既不是由宪法所考虑的事项引起，也不是由与该法案其他各部分的潜在冲突的利害关系引起。确切点说，联邦最高法院创设的这些限制不能用法律语言或立法史证明是有道理的。最高法院依据自身对经济制度的必要性所持的观点，对广泛的法定保护和各种各样的考虑作了一番“平衡”。[3]

---

① 参看利兰·纽伯格，《经济学和统计学中的概念异常：社会实验的教训》（纽约：剑桥大学出版社，1988 年）。

② 哈维尔·哈里斯，《管理权：1940 年代美国企业的劳资关系政策》（麦迪逊：威斯康星大学出版社，1982 年）。

③ 詹姆斯·B. 阿特森（Atleson），《美国劳工法的价值和假设》（阿默斯特，马萨诸塞人学出版社，1983 年），第 82－83 页。

这些“经济制度的必要性”中，最重要的，是尽可能少地干预管理层对员工的权威。在视这种管理强制为必要时，联邦最高法院把经济分析的一种背景假设改变成了一项法律原则。

此外，在有关难以建立资本主义安排的有效替代的论据上，劳动力市场和雇主强制都是极其重要的。常有人认为，如果不论工作努力与否，社会主义都保证人人有一种过得去的生活的话，那就会存在一种长期的懒汉的问题——老是想靠他人劳动“免费搭车”的人。若无劳动力市场的这种强制，人们就会乐于偷懒，因而，生产受到损失。批评社会主义的人还认为，生产资料社会所有制，再加上不劳而获的收入，将削弱工作场所管理权威的基础，其结果是，人们都懒得勤恳工作，总也达不到资本主义社会具有的生产率。[①] 换句话说，管理强制，被看成实现经济增长的一个必要前提。

劳动过程缺失的那一面 82

虽然雇主和劳动力市场强制在市场社会历史上显得较为突出，但如果以为它们提供了一幅资本主义劳资关系的全景的话，那就错了。正相反，由此产生的模型所考虑到的人类动机种类太有限了；它暗示，个人不是依据狭隘设想的经济自利行事，就是遵从权威行事。实际上，还有另外一组重要的动机，即员工渴望与其他员工和管理部门合作完成工作任务。这种合作推动力，正如劳动

① 现实社会主义社会的经验给了这些批判一定的证实。保障一个工作，这是促成出工相对低出力水平的一套劳资关系的一部分。见查尔斯·F.萨贝尔和戴维·斯塔克，“计划、政治和工人的力量：苏联强制推行的国家社会主义社会隐蔽形式的讨价还价”：《政治与社会》第11卷第4期(1982年)，第439—475页。

力市场强制在不同时期会或强或弱一样，它的强度也会有涨有落。不过，对理解在强制证明相对无效率情况下劳资关系何以还能运转来说，这种合作推动力的存在，是具有关键意义的。

在市场经济史上，这种合作推动力作为管理强制的一种"功能替代"物，发挥了某种关键的然而又是被忽略了的作用。在备受争议的一篇文章中，查尔斯·F. 萨贝尔和乔纳森·蔡特林指出，基于高水平工人技术的专业化工业生产，代表了资本主义经济的一种能动的重要组成部分，进入 20 世纪很久以后，情况也还是如此。① 他们坚持认为，以相对非熟练劳动为基础的批量生产，并非通向现代经济的唯一途径；还有以专业化制造技术和手工工艺为基础的替代途径。即使有怀疑他们这种最坚定立场的，可萨贝尔和蔡特林还是提供了强有力的证据，证明了以手工工艺为基础的制造业的重要性和持久性。

不过，这一证据，对于强调市场经济中必须有管理强制的人来说，造成了一种异常现象。在以手工为基础的工业，如里昂的丝绸业，或谢菲尔德的刀具业，由于懂得手工工艺知识且有强固的集体团结纽带，工人具有在工地行使权利的特征。此外，他们拥有使他
83 们的立场与其他工人很不同的工艺知识。虽然这些手工工人有时不得不承受商业周期引起的失业之苦，但他们有什么工作就得干什么工作这一点上，可能性少得多。他们的技能，使他们免受市场和雇主的强制。然而，尽管强制是相对少了，萨贝尔和蔡特林还是

① 查尔斯·F. 萨贝尔和乔纳森·蔡特林，"大批量生产的历史选择：19 世纪工业化的政治、市场和技术"《过去与现在》第 108 卷（1985 年 8 月），第 133－176 页。另见迈克尔·J. 皮奥里和查尔斯·F. 萨贝尔，《第二大工业分水岭：繁荣的可能性》（纽约：基础图书出版公司，1984 年）。

证实，许多这些工业在很长时期仍然富有经济活力。

按照理论，强制的弱化，当意味着，工人不是大大降低其工作上的努力程度，就是以其能力，要求得到所在工业中产品的很大份额。无论出现何种情况，利润都会大减，而工业失去活力。萨贝尔和蔡特林证明的那种持续性表明，这两种情况哪一种也没有出现。倒是正相反，合作的推动力——以手工业劳动道德规范的形式——确保了这些工人都全神贯注地完成生产任务。决定劳资双方的相对收入份额，从来不是易事，但在那些长盛不衰的专业化部门，这些问题，显然是在双方一致认为对方要求有理的框架内谈妥了的。我们可以推测，一方面，工人是因其允诺保护工业而自律，另一方面，雇主则因需要其员工的合作而自持。

以手工工艺为基础的工业长盛不衰的证据，还可以再举其他种种例子，予以补充。在这些例子中，强制机制的弱化，并没有妨碍市场制度的有效运转。当代与手工艺知识相对应的，是专业知识，而且，私人企业办得相当成功的，例子很多，尽管有这样的事实，即这些企业的大多数员工都是专业人员，而且都是对种种标准强制避之不及的。合作的推动力——这一次是通过职业道德得以启动了——再一次可以说明这种种形式所蕴涵的活力。

劳动合同的这一合作方面，是按各种思路思考的人都一致清楚认识到的。埃尔顿·梅奥开创的劳资关系的人际关系分析，就是基于这样一种见解，就是只要雇主像人那样待之，工人就会有相 84
互合作并与资方合作的推动力。构成当代对职业生活质量的关注，尤其是伦敦塔维斯托克研究所所作的社会技术体系的开创性工作的基础的理论，有很多，这些理论都强调人们完成任务的心理需要，强调工作小组在激发积极性方面的极端重要性。[①]

劳资关系合作方面所举的大多数例子，都包含具有比新古典分析中通常假定的技术水平要高一些的工人。诚然，合作推动力，就是对相对不熟练工人来说，也可能是很重要的。不过，合作，作为管理强制的一种功能替代的价值，是随着技术水平而提高的。

一旦劳资关系的合作方面的重要性获得公认了，再把劳资关系概念化为部分礼物交换似乎就没有必要了。对西方社会具有悠久、丰富历史的一种现象进行分析时，没有必要从特罗布里恩群岛居民的礼物交换中吸取分析灵感。不过，关键问题在于，如果合作可以成为劳资关系中强制的有效功能替代物的话，绝对管理权威的传统论点，就得加以重新评价了。若是同一目标，通过劳资双方的合作关系也可以达到的话，则一味维护管理权威，也就不再是有道理的。

最后，由此有关劳资关系各方面的讨论，可以得出结论认为，如果不考虑人们具有的实际工作技术，也就确定不了组织劳动的最有效方式。并非所有时间和地点都适用一个答案，而是有多种多样的答案，这要看特定工作的技术要求如何而定。很遗憾，评价
85 特定经济所必不可少的技术水平，不是一件轻而易举的事。

---

① 参看拉里·赫希霍恩，《超越机械化：后工业时代的工作和技术》（麻省，剑桥：麻省理工学院出版社），第117－119页。更多有关塔维斯托克的，见F. E. 埃默里和E. L. 特里斯特，《朝向一种社会生态学的发展》（纽约：Plenum，1975年），第9章。在《虚构一致：垄断资本主义条件下的劳动过程》（芝加哥：芝加哥大学出版社，1979年）中，迈克尔·布拉沃伊（Burawoy）发现的，不是合作，而是工人通过参与比赛，赞同其自己受剥削。然而，他实际上描写的，是把合作与强制结合在一起的一个工作场所。有关工作场所合作与信赖的另一重要研究，见艾伦·福克斯，《超越合同：工作、力量和信赖关系》（伦敦：费伯与费伯，1974年）。

技术水平的经验趋势

有的评论者认为，工作组织中有一些强有力的趋势，使某个历史时期几乎所有职位的技术水平都朝同一方向改变。[①] 但实际上，不论什么时候，不论什么职业，都存在着矛盾的趋势；适值有的职业在非技术化时，有的则是在使技术升级。此外，就是同一职业内，不同工作现场也会有矛盾的模式。再就是，决定某种职位所需的技术的，在很大程度上，纯粹也就是一种策略决策，在决策的过程中，劳资双方都视具体情况而各自采用不同的策略。管理人员或许会采用一种非技术化策略，用以对付工人的好斗性，或是愿意提升技术，以期克服劳资冲突留下的某种消极影响。类似地，一个工人群体，可能竭力抵制非技术化，而另一个，则可能反对承担技术升级所加重的职责。说也简单，核心问题就是，如果试图直接从技术的性质或资本主义的逻辑推论出有关技术水平的结论，那将总是忽略经验世界的实际复杂性，这种世界中的很多变量，包括在生产第一线发生的冲突在内，决定着特定工作的技术含量。[②]

这个问题，还因为缺乏可靠数据而进一步复杂化。里根政府时期大规模社会科学项目资助的减少，妨碍了那种原本能就经济的技术水平新近变化提供某种说明的数据，尤其是与计算机化大

---

① 这种论点，是哈里·布雷弗曼提出的，《劳动与垄断资本》（纽约：月评出版社，1974 年）。

② 强调工作组织偶然性的研究，有托马斯·科汉（Kochan），哈里·C. 卡茨和罗伯特·B. 麦克歇（Mckersie），《美国劳资关系的变化》（纽约：基础图书出版公司，1986 年），巴里·威尔金森，《新技术的生产第一线政策》（伦敦：埃内曼，1983 年）；和戴维·F. 诺布尔，《生产力：工业自动化社会史》（纽约：克诺夫，1984 年）。

规模扩散有关的数据的搜集工作。1969 年和 1977 年开展了对这
86 些问题的大规模全国性调查，但 20 世纪 80 年代不见有相似研究。

好在这些理论上的和经验上的困难，还不是不可克服。可以把各种来源的证据拼凑在一起，来对现行技术水平和可能的未来趋势作出评价。这种评价得出了两个结论。首先，大多数美国工人，现在都处于对其工作的技术要求相当严格，因而解雇他们的成本很高的工作环境中。其次，纵览一下有关技术变化的文献就可看出，蓝领和白领工作环境的自动化，通常与技术水平的提高有关。

为此两种断言提出证据前，必须注意给技术下定义这个问题。这个问题，由于技术具有多面性而复杂化；一种工作，可据一个方面予以提升等级，又可根据另一个方面，予以降低等级。① 这个问题，还因为有的文献将一种工作的技术水平与其吸引力相混淆，而进一步复杂化。然而，在很多情况下，高技术工作，其余一切都相同的话，由于相应的压力也大一些、职责重一些，很多人反而不以为就合自己的意。② 还有，技术水平与工作满意度之间的关系，当然不是简单的；有的工作，原本是一开始必须先行全面培训，而后才能上岗的，可随着时间推移，也会变得基本上就是一般性工作而已了。还有一个问题，是技术这一概念已受到了性别歧视的严重影响。以女性为主的职业所需的技术，与男性为主的职业所需的

---

① 威廉·福尔姆，“论技术降级”，载《社会学评论年刊》第 13 卷（1987 年）：第 29—47 页；巴罗·阿德勒，“新技术，新技能”，载《加利福尼亚管理评论》第 29 卷第 1 期（1986 年秋季），第 9—28 页。

② 此外，其余一切也常都不平等。工资水平，正如具有可比价值的很多工作所证实的，也没有确切反映技能水平。

技术相比，常常得不到应有的承认或报酬。[1]

尽管存在这种种复杂性，可是，依据一个普通人负起某项工作的职责所要花的时间总量定义技术这个概念，还是有用的。[2] 这 87
是对有效利用劳动来说最有关系的一个方面，因为培训时间决定管理人员解雇一名员工的成本。但凡这种成本高的，由于需要维持生产的连续性，管理的强制就反而弱化了。与此同时，需有更长培训期的工作的更大复杂性，通常也加大了提高管理部门监督绩效水平的难度；建立一种合理监督制度的成本，也会相当大。最后，技术水平一高，就连监督本身，也可能成为错综复杂的事；采取单方面行动的管理部门，可能根本想不出组织劳动力和分配任务的最有效方式。[3]

有这样的情况，就是管理人员可能就是要解雇有能力的员工，即使他们的技术水平相当高也不为所动。例如，在 1981 年的 PATCO 罢工中，对一种非凡技术的垄断，就并不足以保护航空交

---

① 罗斯林·费尔德伯格，“可比价值：美国理论与实践的变化趋势”，《预兆》第 10 卷第 2 期(1984 年冬季)，第 311—328 页。

② 精通阶段有用的论述，见休伯特·L. 德赖弗斯和斯图尔特·E. 德赖弗斯，《小心机器：在计算机时代人的直觉能力和经验》(纽约：自由出版社，1986 年)，第 1 章。

③ 这就使区别工作中学会的技能与他处学会的技能这一情况复杂化了。如果企业有别的技能差别最小，那么，企业更换受过专业化培训的一个人的成本，似乎会相对低。然而，情况往往是受过专业化培训的人受雇了，他们也还是必须学习企业有别的常规和技术。此外，受过高水平培训的群体，不管是专业人员，还是能工巧匠，都能遏止他人获得培训机会，从而维持其特有技术之相对稀缺性，以提高工资水平。最后，即使是特定专业技术市场供给充裕，然而由于是否更换的人证明能胜任工作，存有不确定性，评价监督具有这些专业技术的工人的绩效的成本，也往往还会高，因此，更换知名能干的熟练工人，代价也就高了。尽管显然有多种变量，然而，得出这样的结论，即认为，不论技术是在职学会还是离岗学会的，但技术水平高一些的工人，还是会使工人的更换更为复杂，而成本更高，这看来还是合理的。

通管制人员免遭解雇的厄运。不过,假定管理人员解雇工人的意愿与培训时间长度成反比变化,这或许说得通;只要一名员工有能力,效率高,雇主就不愿意因解雇他而招致培训一位接替者的相当大成本。一项粗略实施原则是,在一个员工身上至少已投入 1/4
88 年的工资,但产值上不见丝毫补偿时,一个理性的雇主会是特别不愿解雇他的。[①] 要是假定,员工在接受培训期平均仅达到 50%的标准生产率,那就可以得出结论认为,6 个月的培训时间,也就是界定为低技术工作与界定为高技术工作的粗略分界线。

培训时间数据

劳动力培训期和特定职业培训期的长度有系统的数据。此类数据,可从《职业名称辞典》(DOT)获悉,该出版物,系劳工部提供的,按多个方面评价各种职业用的一种工具性文献。[②] 其中的一个方面,称为"具体职业准备"(SVP),由 1 类至 9 类的一个级别表组成(见表 1)。[③] 具体职业准备,既包括在职培训时间,又包括正规预备教育,如学徒期课程和超过标准中学或学院教育的研究生

① 大多数美国工人都几乎都没有证据表明,在其有关雇员流动率的推断上雇主事实上就是理性的。这,不足为奇,因为他们倾向于按照新古典经济学范式行事,这种范式,是完全漠视更换成本的。例如,参看托马斯·E. 霍尔,"如何估计员工流动成本",载《人事》第 58 卷第 4 期(1981 年 7—8 月),第 43—52 页;G. 斯潘塞·布莱克斯利(Blakeslee),爱德华·L. 顺楚普(Suntrup),和约翰·A. 克纳汉,"你因流动花了多少钱?"《人事杂志》第 64 卷第 11 期(1985 年 11 月),第 99—103 页。

② 有关《职业名称辞典》的讨论,见安·R. 米勒等,《工作、职位和职业:评"职业名称辞典"》(华盛顿特区:国家学术出版社,1980 年),和帕梅拉·S. 凯恩和唐纳德·J. 特赖曼,"作为职业资料来源的职业名称辞典",《美国社会学评论》第 46 卷(1981 年 6 月),第 253—278 页。

③ 这些等级,由劳工部公布,《按"职业名称辞典"定义的职业的若干特征》(华盛顿特区:GPO,1981 年)。

学位等。因此，属于1—3类的人们，以较低的成本就易由他人替代了，而替代排在5—9类的人的成本，则相当大。第4类位于分界线。

表1　具体职业准备 89

9	超过10年
8	4—10年
7	2—4年
6	1—2年
5	6个月—1年
4	3—6个月
3	30天—3个月
2	短期示范—30天
1	只是短期示范

表中，数据来源有若干问题。最新版《职业名称辞典》1977年出版，故有的具体职业，在1977年至今这段时期可能发生了明显变化。[①] 但这些近期的变化对培训时间的影响，可以通过仔细观察某些使用最广泛的新技术，如数控机床和办公自动化等，而推断出来。另一可能的问题，是劳工部评价者在确定某种职业究竟需准备多长时间时的主观性问题。不过，仔细分析一下数据，即可看出，评价者的偏向所起的作用，相对而言微不足道。[②] 总之，《职业

① 正如科恩和特赖曼指出的，1977年版的《职业名称辞典》有很多也是沿用了前几版的职业描述的，因此，时滞这个问题，就可能相当大（"作为职业资料来源的《职业名称辞典》"，第272—273页）。

② 米勒等，《工作、职位和职业》，第168—173页，表明"具体职业准备"的分级可靠性相当高。他们还认为（第188—191页）在给技术分级时的性别偏见，在《职业名称辞典》第四版已经减少。

名称辞典》的数据，的确从整个经济来说为培训时间提供了一种貌似真实的粗略估计。[①]

90 **表 2　若干职业类别的 SVP 计分**

职业	SVP
电气和电子工程师	7.9
数控机床程序编制员	7.3
会计师	7.3
汽车管理人	7.2
金融、保险和不动产经理和行政官员	7.2
计算机程序编制员	7.1
中学教师	7.0
技师	7.0
注册护士	6.9
木匠	6.9
办公设备技工和维修人员	6.9
汽车技工	6.8
农场主	6.6
批发零售采购员	6.2
小学教师	6.1

①　已有很多用《职业名称辞典》处理技术水平中的变化问题的研究，但其中大部分集中在《职业名称辞典》对各种具体职业需受过多少正式教育的评价上。不过，"具体职业准备"尺度，看来更接近雇主招致的成本了。见肯尼思·施佩纳(Spenner)，"阐释普罗米修斯：工作技术水平的时间变化"，《美国社会学评论》第 48 卷(12 月)，第 824－837 页，和巴罗·阿特维尔(Attewell)，"非技术争议"，载《工作和职业》第 14 卷第 3 期(1987 年 8 月)，第 323－346 页。

临床实验室技术员和技师	6.0	
秘书	6.0	
厨师	5.9	
计算机和外围设备操作员	5.9	
技术员	5.4	
制造业销售代理	5.1	
银行出纳员	5.0	
簿记员	4.8	
警察和侦探	4.6	
制造业检查员、检验员和督察员	4.1	
库存管理职员	4.0	
护士助理，勤杂工	3.9	
打字员	3.8	
零售业售货员	3.6	
看门人和犹太教堂司事	3.6	
缝纫工和编结工	3.5	
卡车司机	3.5	91
金属加工机械技工	3.4	
装配工	3.3	
出纳员	3.0	
服务员	3.0	
体力劳动者	2.8	

资料来源：帕特里夏·鲁斯和唐纳德·J. 特赖曼，“1970 年国情普查分类 DOT 级别”，收入安·R. 米勒等，《工作、职位和职业：评“职业名称辞典”》(华盛顿特区：国家科学院出版社，1980 年)，第 336—389 页。

表 2 所示，系 1970 年国情普查类别内，多种不同的具体职业的平均 SVP 计分。这些计分，系据一项现时人口调查汇编，而这类人口调查，则依据国情普查类别和更详细的《职业名称辞典》类别，为个人的职业编号。① 此外，利用表 2 的资料来源，可使人大致了解作为一个整体的职业结构的变动趋势。表 3 按《具体职业准备》计分，把职业结构分成 4 类。② 最高一级的类别，是计分为 6.3 与 9 之间的高级职业；然后，是列入 5 与 6.3 之间的高技术职业；中间类别的，有《具体职业准备》计分为 3.5 与 5 之间的几类；低技术职业，有计分为 1 与 3.5 之间的技术水平。③

92 **表 3　依据 SVP 计分划分的职业类别**

年份	1970	1979	1982	1983	1987
			(1000 人)		
精英职业	28533	38122	40183	40328	46199
SVP 计分 6.3 至 9					
(占总数的%)	(37.6)	(39.3)	(40.4)	(40.0)	(41.1)

① 表 2 的数据，系帕特里夏·鲁斯和唐纳德·特赖曼为米勒等的《工作、职位和职业》(第 336—364 页)编制的。他们用一种通行的人口调查，依据普查的职业类别和《职业名称辞典》类别予以编码，作为加总极个别的《职业名称辞典》所列职业的手段。

② 在这些类别内分组的每一种职业，并非都会有那个具体职业准备计分，但它代表整个一大类的平均数。

③ 在建立劳动力职业构成不间断时间数列上，有一个问题，因为 1980 年人口普查，是采用了一种有别于 1970 年所用的职业分类体系的。见格洛丽亚·彼得森·格林等，“1983 年 1 月开始的现时人口调查的修正”，载《就业与收入》第 30 卷第二期(1983 年 2 月)，第 7—15 页。不过，通过建立一个第三方案，重新积聚有别于 1970 年和 1980 年分类的数据，这是有可能做到的。为说明这一新方案的貌似有理性，表 3，把 1970 年方案内收集的 1982 年数据，与使用 1980 年方案所排除的 1983 年数据并置。唯少数几处逐年差别大，而总的差别，则较小。

专业人员	10133	13280	14966	12820	14426
经营者与管理者	6371	10516	11493	13730	16888
手工艺者	10610	12880	12272	12328	13568
农场主	1419	1446	1452	1450	1317
高技术职业	10848	15903	16985	18457	21562
SVP 计分 5 至 6.3					
（占总数的%）	(14.3)	(16.4)	(17.1)	(18.3)	(19.2)
高级销售人员	1572	2574	2582	3295	3874
技术员	1218	1770	1985	3053	3346
高级行政管理					
辅助人员	5409	7806	8327	8297	10009
其他[1]	2649	3753	4091	3812	4333
中级职业	26621	29323	28469	27280	28894
SVP 计分 3.5 至 5					
（占总数的%）	(35.1)	(30.2)	(28.6)	(27.1)	(25.7)
技工	10499	10909	9429	7744	7994
运输设备技工	2958	3612	3377	4201	4712
其他行政管理					
辅助人员	8339	9807	10119	8098	8247
保护性服务	952	1406	1546	1672	1907
零售推销员	3873	3589	3998	5565	6034
低技术职业	9848	13597	13877	14770	15787
SVP 计分 1 至 3.5					
（占总数的%）	(13.0)	(14.0)	(13.9)	(14.6)	(14.0)

搬运者、体力劳动者和农场工人	4380	5922	5789	6397	6969
私人家务工人	1146	1088	1042	980	939
清洁工和门卫	1862	2450	2515	2736	2886
其他(2)	2460	4137	4541	4657	4993

资料来源：国情普查局，《1970 年人口普查：行业别职业》(华盛顿特区：GPO，1972 年)，第 241—248 页；《就业与收入》，各期；帕特里夏·鲁斯和唐纳德·J. 特赖曼，"1970 年国情普查分类 DOT 级别"，收入安·R. 米勒等，《工作、职位和职业：评"职业名称辞典"》(华盛顿特区：国家科学院出版社，1980 年)，第 336—389 页。1980 年国情普查分类 DOT 级别，可从保拉·英格兰处查询。

注：这一分类，系粗略分类。在更详尽的职业分类中，还有不符其具体职业准备计分的若干具体职业。不过，大一些的有出入之处，经把具体职业移至更适当层次后，已给消除。既然剩下的有出入之处，在两个方面都有影响，因此，它们看来不至于对这些结果产生很大影响。

(1)包括理发师、美发师、厨师和公共医疗卫生服务人员。

(2)包括个人服务和一些食品工人，其中包括快餐食品工人。

93 表 3 显示了技术在提高的一种重要趋势，因为两个属于最高技术的类别，已从 1970 年占全部就业人数 51.9%提高为 1987 年的 60.3%了。① 支撑这种变化的动力，是管理类工作和高级文秘类工作快速增长，伴之以技工类职位的减少。既然另一类、即中间的职业中有的也有 6 个月的培训时间，因此当前的员工中，足有

① 这一数据的某种佐证，见 1977 年就业调查质量所提供的。该调查，要求有关受雇者的一个随机样本，以评价接受过正确数量的正式教育的一个普通人，需花多长时间，才能学会其从事的工作。4 周或不到 4 周，为该样本中 29.8%的回答；5 周至 3 个月，为样本中 11,1%的回答；4 至 6 个月，为另一 11.5%的回答；7 个月至 1 年，是 15.8%的回答；2 年或 2 年以上，是 31.8%的回答。这些数据表明，劳动力中位数培训期，约为 6 个月，其中，员工中技术水平很高的，差不多占 1/3。罗伯特·P. 奎因和格拉姆·L. 斯坦斯，《1977 年就业质量调查：具有 1969—1970 年和 1972—1973 年调查比较数据的描述性数据》(安阿伯：社会研究所，1979 年)，第 203 页。

2/3 似是至少也得有 6 个月的培训时间。

如果各职业类别内技术都有大幅下降的话，这种技术提升模式，就会不是如此明显。而这，可以下列两种方式发生。首先，情况或许是，某个类别，例如管理人员类别内所占百分比提高的员工，是技术——按培训时间说——低于 1970 年的。其次，也可以是这样一种情况，即《职业名称辞典》的新版，发现有的大一些的职业类别、例如文秘类，平均《具体职业准备》计分减少了。不过，这两种模式都没有确凿证据，而且，为抵消表 3 所示上升模式起见，这两种趋势都得十分突出才行，这是显而易见的。

无论就《职业名称辞典》或许忽略了的近年的变化说，还是就未来的变化说，这个问题，都集中在各种自动化对各类别工作的分布的影响上。工厂自动化，是使高级类职业中占很大比重的技艺类工人非技术化了呢，还是减少了相对低技术操作工的人数？办公自动化是使文秘类降低级别了——(他们原是在高技术类的)， 94
增加了中间类别文秘工作人员人数呢，还是相反？要回答这些问题，就得对工厂自动化和办公自动化文献作一番调查。

手艺工人、操作工和工厂自动化的冲击

手艺工人这一类别，大致分为 3 类——机械工和修理工、建筑行业工人和精密生产工人。具体的各类机械修理职业中，有很多是《具体职业准备》计分为 7 的(汽车机械工、维修技工和办公设备维修工)，而且，虽然通过开发自动诊断机器，在这些职业中实现某种非技术化是可能的，然而，需加以修理的技术设备日益增加的复杂性，还是创造了一种强有力的相反倾向。自动诊断能力消失时，就得有人能修理这种设备。此外，复杂设备、如机器人等的迅速发展，将意味着熟练维修工有增无减。[①]

类似地，大多数建筑行业具有的《具体职业准备》计分是 7 或 8。尽管现在还在致力于削弱建筑行业工会，使建筑业技术基础实现现代化，但也有相反的趋势，这些趋势是由更先进的建筑技术所包含的更大复杂性引起的。不过，总的特点还是，建筑业中需要大量极其迅速的非技术化，才能使平均技术水平降至《具体职业准备》计分的 4 或 5。

手艺工人类的最后一个成分，是生产工人，如机械师（《具体职业准备》计分 7），他们的命运，直接取决于工厂自动化的趋势。20 世纪 50 年代末期和 60 年代初期所称的自动化，与目前的以柔性日益增加为特点的自动化截然不同，这是众所公认的[②]。早些时候的设备，如 19 世纪 50 年代引入现代汽车工业的连续自动工作机床，那非有巨额固定投资不可，而且是极其刚性的。今天的自动
95 化，则通常以计算机技术为核心，有了这种技术，就可以使生产过程灵活地重新制订计划了。而有了这种柔性，小批量的生产和生产周期相对短的产品实现自动化就经济可行了。

柔性自动化，往往会使制造业朝着流水作业生产转变。流水作业技术，在化学工业中已使用有年；有了这种技术，原材料变成最终产品过程中，人们实际上根本无须接触产品了。工人的作用，

① 制造业中熟练维修工日增重要性，在哈利·沙伊肯(Shaiken)的著作中给予强调指出了，《工作的改变：电脑时代的自动化和劳动》（纽约：霍尔特，莱因哈特 & 温斯顿出版公司，1984 年），第 185－186 页。

② 赫希霍恩，《超越机械化》；技术评价办公室，《电脑化的制造业自动化》（华盛顿特区：GPO，1984 年）。

是监视和维护生产设备，而非直接从事原料转化了。[①] 这些新技术还往往会减少直接生产过程对劳动的需求。事实上，在先进制造业中，直接人工成本现已降至不足生产总成本的10%了。[②] 随着技术在直接转化原材料的任务中替代了人类劳动，工厂劳动力的规模缩小了。剩下的任务集中在监督生产过程和维护设备上，而且，计算机化也能减少用于控制生产过程的劳动量。[③]

此次工厂自动化新浪潮的影响极不平衡；新技术扩散到所有工业，将需要很多年时间。不过，有关这些技术的影响，已经有相当多论著在作分析研究了，它们使我们明白，这种技术，可以在各种不同环境下，完全不同地加以应用。因有技术利用上的这些变化了的形式，再要概括说明它们对技术水平的影响，可就难了。话虽如此，文献中还是有足够多的共同研究结果，尚待得出某些结 96
论。

柔性自动化文献之中，有三个主题经常出现。第一个是，技术深度与技术宽度的区别。[④] 技术深度，系指学会处理某种任务，如用机器干某项复杂工作需的时间。技术宽度，则指员工完成其工

① 此外，在使连续过程运转更有效上，有几类新的自动化，也可起重要作用。计算机化过程控制，可以自动完成某些作业，例如，调整某个寝室的温度，它们还可给管理生产过程的工人提供有关各个生产阶段的增加的信息。这里，结果，仍然是自动化过程内柔性加大，因为过程控制，可为各种不同产品重编程序。见戴维·A.布坎南和戴维·博迪，《电脑时代的组织》(英国奥尔德肖特：高尔，1983年)。

② 克里斯托弗·菲塞利耶(Fuselier)，"实施上的两难：新工业自动化体系"，收入巴罗·克莱因多弗(Kleindorfer)编辑，《制造业生产率和技术管理》(纽约：Plenum，1985年)，第189—195页。表3操作类人数减少，反映直接劳动在制造业中作用递减，尽管有制造业产值一直在增加这一事实。

③ 布坎南和博迪，《电脑时代的组织》，第203—231页。

④ 技术评价办公室，《电脑化的制造业自动化》，第110—112页。

作所必须具有的各种不同的知识。柔性技术往往减少技术深度，就因为工人与原材料的关系，现已因有技术而给解决了。生产工人过去常常经过很长时间积累起来的、需要亲身实践才能获得的那种知识，现在过时了。[①] 例如，随着越来越先进的数控机床取代普通机床，熟练机械师那种不明言的知识，对生产过程来说，已变得不像过去那样绝对必要了。经验使熟练机械师有能力，就无经验的机械师根本不懂的某几个因素，如机床的灵敏度等作出调整。不过，新的机器可使这些调整自动化了。然而，这种技术也往往提高技术宽度，因为各种工作相互依存，各种不同的知识都变得必不可少了。例如，戴维·诺布尔就叙述过这样的情况，就是机械师通过自学，读懂含有数控机床程序的聚酯薄膜磁带，以期发现程序设计错误，防止机床出现意外。[②]

出现于文献的第二个主题，是柔性自动化有可能使得错误成本更大。[③] 生产愈是像一种连续过程，一旦发生故障，正在加工的整批产品报废可能性就愈大。自动机床可在任何人注意到出错前，就冲压出成百上千机器加工出错的零部件。类似地，既然资本
97 货物是更为复杂更为相互依存的，一出错就可导致昂贵机器遭受巨大损坏。哈利·沙伊肯援引一位总经理的话说，“要是你有一个价值 50 万美元的机器加工中心的话，即使该机器内装有世界级的自动防止故障的装置，你也不会希望某个无知的人按错电钮。我

① 这是绍莎娜·祖博夫(Zuboff)下面著作的主题，《在精密机器时代：工作和能力的未来》(纽约：基础图书出版公司，1988 年)第 1、2 章。

② 戴维·诺布尔，“机器设计上的社会选择：自动控制机床案例和对劳动的挑战”，《政治与社会》，第 8 卷第 34 期(1978 年)，第 313—347 页。

③ 这个误差问题，是赫希霍恩《超越机械化》的主题之一。

认为，我们还没有达到未受过训练的工人一按电钮就能操作设备的水平。”①

第三个主题，是利用这些新技术时不同管理目标之间的紧张关系。一方面，柔性自动化，常作为一种降低人工成本、大大减少对熟练工人依赖的方法兜售给总经理们。戴维·诺布尔用文献证明了下面的事实，即：这不仅在销售数控机床以取代自动化机器时，是一项中心任务，而且在开发时，也是一项中心任务。② 另一方面，柔性自动化，也可用以加强一个企业在其他各方面的绩效。具体说，柔性自动化可用以促进高质量生产，因为计算机化机器能使产品与其规格更相一致，这在理论上是做得到的。更何况，企业还可以利用该技术提高其柔性，即更快地实现产品线更替，或是保持多品种产品源源不断离开生产线。总而言之，有了柔性，制造过程对市场营销因素作出反应就敏捷多了。

虽然柔性自动化通常可以消除很多重复而使人厌烦的工作，从而降低直接劳动成本，然而，在减少企业对熟练工人的依赖这一目标与提高质量和增加柔性这一目标之间，又是常有深刻冲突的。技术宽度有限的工人，面临意料之外的机器故障时，就会手足无措，故质量目标会无法实现。更为重要的是，缺乏技术宽度，将有碍于柔性。对于没有技术的工人来说，生产过程一旦发生变化，便需要创造出全新的一套规定得范围窄小的工作任务，而且得在劳 98
动力中重新分派任务不可。这很可能会是一个棘手的过程，由于

---

① 沙伊肯，《改变了的工作》，第 92 页。另见有效实施先进制造技术委员会国家研究委员会，《实施先进制造技术的人力资源实践》（华盛顿特区：国家科学院出版社，1986 年）。

② 诺布尔，《生产力》，第 11 章。

破了惯例，又不给补偿，那就非引起工人愤愤不平不可；工人所能得到的，无非也就是某种不同的烦人的工作。[①] 相比之下，如果管理部门强调技术宽度，生产过程的此类变化，组织起来，则会顺利得多。

记住这三个主题，详述这些技术中最重要的三类，也就有用了。

数控机床。数控机床投入使用至少已有25年，但当前的一代机床，是通过电脑实现数字控制的。它们要么凭借安装在机床上的微电脑进行程序设计，要么凭借与几个不同机床相连接的中央电脑进行程序设计。正如该行业早先的创新一样，有了这些新的机床，富于经验的机械师，就不那么需要技术深度了；没有多年的经验，也能以高精度生产出零部件。结果是，用这些新机床工作时，高度熟练的机械师，常因厌烦和不满，牢骚满腹。[②]

不过，这些怨言，不应视作技术水平全面下降的佐证。正相反，戴维·诺布尔就通用电气公司工人对早先一代数控机床的切身感受所作的讨论，清楚表明，新一代机床可能需要更多的技术，而不是更少的技术。“本埠新闻认为，数控机床运转时，对于出错的可能性，务须全神贯注，而且一旦发生，即予以纠正或力避其发生，这需要技术和经验，因而加剧了紧张和疲劳。”[③]与员工有关的问题是，与以前相比，技术的应用是断断续续的，而且中间有长时

---

① 工作任务非技术化以及规定得过窄时，实现柔性的困难，参看哈里·C.卡茨在《改变齿轮：改变美国汽车工业的劳资关系》（麻省，剑桥：麻省理工学院出版社，1985年）以及皮奥里和萨贝尔，《第二大工业分水岭》的详述。

② 沙伊肯，《改变了的工作》，第128－132页；技术评价办公室，《电脑化的制造业自动化》，第185页。

③ 诺布尔，《生产力》，第270页。

间的单调与乏味。

对技术的这种断断续续的需求，解释了两个否则会是令人费解的调查结果。首先，利用高技术工人操作这些机器，往往仍然明智。① 对于解决检修的难题，对于用机器加工高度复杂的零部件， 99
高度熟练的机械师依然非常宝贵。其次，一家技术评价办公室的一项研究发现，“经验少的工人和此前的经验主要在数控方面的工人，偏爱数控，而有高水平技术和传统设备广泛背景的工人，则不喜欢数控机床，除非他们以前从事过程序设计工作。”②这表明，操作这些机床的工作仍然是富有挑战性的，但对有多年经验的人说来，改行从事断断续续地运用技术的工作，则会有极其沮丧的感觉。

既然机械师并不都有过如此丰富的经验，因此也就有理由怀疑非技术化就合乎常规。事实上，受雇操作这些机床的新工人，就得经受长期培训，而且还得掌握相当多的概念性技术。③ 与此同时，需要有高得多的技术水平的新职位已开始涌现。

这些职位中最重要的，是程序员。在少数工厂，机床操作工已被教会了自己设计程序——技术宽度大为加大的工作。新近一项有关小型机械厂的研究报告说，在20%以上的这类工厂中，机械师做着他们自己的程序设计工作。④ 在另外33%的这类工厂，此

---

① 技术评价办公室，《电脑化制造业自动化》，第195页。

② 同上，第185页。

③ 劳工统计局，《四种工业的技术和劳动》，(华盛顿特区，GPO，1982年)，第31页。

④ 唐纳德·希克斯，《自动化技术与工业更新》(华盛顿特区：美国企业研究所，1986年)，第125页。另见马里耶伦(Maryellen)·凯利，“可编程序自动化和技术问题：对跨国证据的重新解释”，《人力系统管理》第6卷(1986年)，第223—241页。

项工作则由专职程序员完成，但此系一种从熟练机械师队伍中招聘很多成员的一个工作类别，因为这样的程序员既要懂计算机语言，又要精通复杂的机械切削技术。但即使程序员从机械师队伍外招聘，这个任务量的增长，也加大了管理部门对高度熟练工人的依赖。

最后，新型机床要求有更精细的维修。[1] 假如机械师和电工
100 这同一劳动力承担新机床的修理和维护任务，他们还得接受额外的广泛培训。而如果聘用新技术员担任这些工作，也就提高了劳动力的技术水平。

总之，改用电脑完成的数控机床，很有可能伴之以某几类工人中的讨厌和不满有增无减，但总趋势则是，生产者的总体技术水平不断得到提高。此外，某一企业愈看重质量和柔性，也就愈加重视扩展工人的技术。

柔性制造系统。比电脑控制机床实现晚一步的，是柔性制造系统，即在中央计算机控制下将机床和移动零部件的自动穿梭机结合成一体的装置。这种系统正在朝连续加工技术的方向，进一步推进切削加工，因为一个复杂零件，自始至终，都可以不用人手接触而制造完成。与数控机床一样，管理人员也是因为渴望有一种无需熟练工人的生产过程，而被吸引至柔性制造系统的。美国有的柔性制造系统，其设计和操作，都旨在使劳动力的技术水平减

---

① 劳工统计局，《技术与劳动》，第 31 卷；彼得·森克尔，“自动化培训”，收入马尔科姆·沃纳编辑，《微处理机，劳动力和社会：一种比较跨国研究方法》（纽约：马丁出版社，1984 年），第 134—146 页。

至最低。但有越来越多的证据表明，这证明是一种代价很大的错误；不把工人的知识纳入柔性制造系统的运行时，绩效水平是很低的。在一项研究中，塞默·梅尔曼拿一种由技术水平极低的工人组织的柔性制造系统的绩效，与一种以强调工人学习和掌握技术的劳动过程为中心组织的柔性制造系统的绩效作了比较。[①] 第一种系统，发生过远高于第二种的窝工时间，第二种系统的有见识的工人，能预想到某些问题，并纠正另外的问题，使系统得以运转。此外，就以这种代价高的技术说，窝工时间所占百分比，或许就是决定企业获利能力的重要因素。

在一项近些时候的研究中，拉姆钱德兰·贾伊库马对日本和美国柔性制造系统的使用情况作了比较。[②] 他证实，就有关各个 101
方面说，在其使用上，日本人一直都比美国人成功一些：其系统开发时间短一些，利用率高得多，而且产出率也高一些。其中最重要的，则是日本人利用技术的柔性，在较短的生产时间中，就生产出了几十种各不相同的零部件，而美国企业，则是相对很少几种零部件，就用了较长的生产时间生产。总之，日本人能以这种技术创建生产率极高的完全自动化的工厂，而美国，实现这个目标，还有漫长的路要走。

日、美工人技术水平差距很大，并不出人意料。在描述日本工厂时，贾伊库马写道："生产第一线的工人，能不断地进行程序设计变革，而且负责编写零部件和整个系统的新程序。他们是能起多

---

① 西摩·梅尔曼，"计算机辅助制造工作可采用的组织"，载《纽约科学院年报》第426卷(1984年11月)，第83—90页。

② 拉姆钱德拉·贾伊库马，"后工业制造业"，载《哈佛商学院评论》第64卷，第6期(1986年11—12月)，第69—76页。

种作用、负有多种职责的高技术工程师。”①在日本，柔性制造系统的劳动力中，40%是受过大学教育的工程师，美国则是8%。贾伊库马还发现，提升员工技术水平所花的时间，日本企业是美国企业的3倍。

人们可以对贾伊库马的调查结果提出质疑，指出可以多种多样的方法来利用某一种技术。美国企业最终有可能找到与日本模式迥然不同的利用柔性制造系统技术的有效途径。然而，贾伊库马发现的差距是如此之大，再加上国际竞争的压力，美国企业终将模仿日本范例，是很可能的事。有充分证据表明，很多美国企业，现已在朝此方向努力，更加重视柔性和工人学习以掌握技术了。②既然如此，日本人利用柔性制造系统，就代表了制造业未来的潮流。

机器人技术。从数量上说，机器人化的影响，要比柔性制造系统的影响大得多，因为机器人可以标准化地用于装配作业。柔性
102 制造系统，要有相当大投资，才能改造整个生产过程，机器人则是可以渐进地予以引入，而且，机器人成本已很快降低了。

迄今已作的研究都表明，机器人化可以使制造业劳动力规模锐减。卡内基一梅隆大学引用率很高的一项研究认为，从理论上说，第一代和第二代机器人(第二代机器人具有初步的感觉能力)可以替代美国制造业中的金属加工手工工人、技工和辅助工的

① 拉姆钱德拉·贾伊库马，“后工业制造业”，载《哈佛商学院评论》第64卷，第6期(1986年11—12月)，第72页。

② 参看国家研究委员会，《人力资源实务》；和理查德·J.舍恩伯格，《世界级制造业：简易付诸应用的教训》(纽约：自由出版社，1986年)。

40%。[1] 若是基于后来几代有了更为复杂感觉能力的机器人的话，此数字当还要高得多。根据实际替换情况推断的另一项研究预测，1980－1990 年间汽车工业技工和辅助工合在一起，6%－11%当为机器人所取代。[2]

此外，还有证据表明，机器人提高了工人的技术水平。据一项有关机器人使用者的调查，60%的企业表明，在采用机器人后，技工的岗位需要有更高的技术水平。[3] 此外，辅助人员应具有的技术水平需提高，也是无可置疑的，因为机械工和电工必须学会维修机器人的本领。人们已在热烈讨论，是否应由两年制的社区学院培养机器人技术员。[4] 通用汽车公司的一个机构，已开设了一项培训熟练技工的课程，提供 1000 小时的机器人和相关设备的培训；参加该课程的学员，一半时间干工作一半时间参加培训。[5]

试图预测机器人工业自身内部的就业结构的一项研究，预言该工业创造的大多数新岗位，都将是高技术的，一半以上的员工需要接受过两年或两年以上大学教育。[6] 这一结论，对整个制造业部门都有重要含义。

总之，技术水平低的技工人数在减少，但具有广泛概念性技术 103
的员工，包括技术员和程序员在内，需求量在与日俱增。随着电脑

① 罗伯特·U.艾尔斯和史蒂文·M.米勒，《机器人：应用与社会含义》（麻省，剑桥：巴林杰，1983 年），第 204－205 页。

② H.艾伦·亨特和蒂莫西·L.亨特，《机器人的人力资源含义》（密执安州卡拉马祖：厄普约翰，1983 年），第 78 页。

③ 艾尔斯和米勒，《机器人》，第 95 页。

④ 亨特和亨特，《人力资源含义》，第 154－158 页。

⑤ 艾伦·基欧，“机器人培训中的劳工一方”，载《机器人今天》，第 6 卷，第 5 期（1984 年 10 月），第 31－33 页。

⑥ 亨特和亨特，《人力资源含义》，第 140 页。

控制的采用，生产流程连续的工厂也会出现类似趋势。[①] 此外，雇主愈是强调产品质量和利用这些新技术的柔性，提高工人技术水平的欲望也就愈是强烈。新技术在整个经济中的扩散速度，取决于很多变量，而且在各行各业中会有很大差别。不过，技工人数不断减少似是很可能的事，而制造业的一般趋势，将是向高技术方向发展。

文秘职业

文秘职业的未来，取决于办公自动化的趋势，而实现办公自动化，也在促进工人技术的降低与提高质量和柔性的必要性之间有一种紧张关系。这两个冲突目标之间的紧张关系，导致了不同的经验结论，有的分析人员，强调降低工人的技术，有的，则强调技术多样性和提升文秘工作的等级。这些不同的结论，反映了管理层利用这些新技术上迥然不同的战略。

不过，还有另外两个因素，致使为评价文秘工作技术水平的趋势所作的任何努力都复杂化了。首先，文秘工作，历来就由于它常是女性职业，而遭到贬低。在男性经理薪酬好多倍于其女秘书薪金的情况下，只能否认秘书工作的复杂性。然而，秘书通常履行的是管理工作，可她们常得不到合理的报酬或重视。[②] 在这一方面，《职业名称辞典》作出了有用的纠正，它给予（有别于打字员，或文书打字员的）秘书类别的“具体职业准备”计分为 6 分。

104 其次，一如制造业，自动化过程也有各种不同的阶段。例如，

① 布坎南和博迪，《电脑时代的组织》，第 24—26 页。

② 罗萨贝特·坎特，《公司的男人和女人》（纽约：基础图书出版公司，1977 年），第 4 章。

计算机化起始时期，创造了大量低技术数据录入工作，其中有很多，后来被更先进的数据录入系统淘汰了。类似地，在文字处理发展的初期，企业通常建立一个中央文字处理机构。秘书会从私人秘书任上调至文字处理机构，而成为专职打字员。[1] 但近年来，趋势似是朝较为分散地使用电脑和文字处理的方向发展，对文秘技术产生了较为正面的影响。[2]

秘书地位问题和不同的技术阶段所引起的这种混淆，可以通过考察保险业和银行业等特定行业，基本上给以澄清。这两个行业都使用了大量传统文秘角色外的文秘工作人员，而且也正在利用更先进的办公自动化。既然这两个行业约占文秘员工总数的近20％，因而似乎有理由认为，它们展示了整个文秘职业的趋势。[3]

就保险业说，已有多项严谨研究集中论述办公自动化的最新 105

---

① 源于报告重大非技术化的这个早期的研究，见黛安娜·韦内克，《微电子和办公室就业》（日内瓦：国际劳工组织，1983年）；安妮·马琼（Machung），“字处理：前为企业，后为妇女”，收入卡连·布罗德金·萨克斯和多萝西·里米编辑，《我的麻烦就要麻烦我：女工每一天的考验和成功》（新不伦瑞克：拉特格斯大学出版社，1984年），第124—139页；罗斯玛丽·克朗普顿和加雷斯·琼斯，《白领无产阶级：职员工作的非技术和性别》（费城：坦普尔大学出版社，1984年）。芭芭拉·加森，《电子血汗工厂：电脑在如何把未来的办公室转变为过去的工厂》（纽约：西蒙＆舒斯特，1988年），她把她对办公室工作的组织近年来的趋势所作的解释，建立于字处理库的创建的基础上；见第7章。

② 源于这一更新阶段的研究，包括伊莱·金兹伯格，蒂埃里·J. 努瓦耶勒和小托马斯·M. 斯坦巴克（Stanback），《技术与就业：概念与分类》（科罗拉多州博尔德：西方观点出版社，1987年）；朱丽叶·韦伯斯特，“字处理与秘书劳动过程”，收于凯特·帕塞斯（Purcess）等编辑，《改变着的就业经验》（伦敦：麦克米伦出版公司，1986年），第114—131页。

③ J. 达维德·勒斯纳等，《文秘就业办公自动化的影响，1985—2000年：金融和保险业的预测技术和貌似有理的未来》（康涅狄格州韦斯特波特：治安法官图书，1985年），第5页。

潮流。就像有关蓝领工人的研究结果那样,这些研究的主要结论是,文秘工作岗位数大减了。芭芭拉·巴兰发现,到1981年,文秘占保险业劳动力的比重,就已有下降了,J.戴维·勒斯纳预言,1985年至2000年间,保险业文秘就业人数还会再减30%。①

更为重要的是,巴兰发现,文秘工作的性质发生了剧变。在传统的工厂办公室,每一个文秘工作人员负责处理的是某种类似流水作业线大量文件。新办公室的工作原理则是整合各项工作,每一个文秘都直接在一个计算机终端上工作。现在,文秘能用计算机对整个政策作出全面评价,而不是处理有关许许多多不同政策的一条信息了。结果是产生了巴兰所谓的"由计算机高度连结在一起的、由多种活动组成的工作岗位",这种工作把文秘工作和专业工作结合在了一起。② 由此而大大提高了文秘工作的等级,同时也增加了培训时间。③

银行业类似的事态发展,也引人注目。银行业计算机化的早期阶段,是使后台工作与出纳员对客户所做的工作截然分开。结果,在后台,就得有很多员工把账单输入计算机。但随着计算机化的进一步发展,出纳员直接把信息输入计算机,后台冗员因而得以消除,这不仅可能,而且是有利之举了。勒斯纳所作的预测是,银行业文秘类从业人数从1985年至2000年也将减少30%。同时,

---

① 芭芭拉·巴兰,"办公自动化与妇女的工作:保险业的技术变革",见曼努埃尔·卡斯泰尔编辑,《高技术,空间和社会》(加利福尼亚州贝弗利希尔斯,塞奇,1985年),第143—171页;勒斯纳,《办公自动化的影响》,第149页。

② 同上,第152页。

③ 有关保险业进一步的证据,见阿特维尔(Attewell)"非技术的争议",第336—340页,和艾琳·阿普勒鲍姆,"技术对保险业技术要求和职业结构的影响,1960—1990年"(坦普尔大学经济系,1984年)。

趋势是，增加现在直接在计算机终端上工作的文秘人员所担负的 106
责任。正如保罗·阿德勒在其有关法国银行自动化研究中所说的，就这些文秘类员工而言，对更大精确性的需要，要求他们有对其从事的工作的某种概念性理解。阿德勒的结论，得到了勒斯纳与银行管理人员的晤谈的支持，银行管理人员也预测，银行业文秘人员的技术会有提高。①

总之，办公自动化，不仅大大减少了对打字和文件归档等常规业务的劳动的需要，而且，由于文秘类员工获取大量信息现在已是方便快捷的事了，它还使他们有能力承担起更为复杂的工作。有一位分析人员预言：

> 从现在起二三十年内……文秘类职业将有2000多万个就业岗位。但这些职位，将完全不同于我们今天所理解的“文秘”工作。这些职位完成的不是支持性功能，几乎看不出有什么经济增加值，而是包含现在由专业人员和技术工人完成的很多专业任务。我们已有足以了解文秘人员在这种职位上可以大有作为的经验，条件是，他们所在的组织，要作必要投资，使他们能够从事这种工作。②

虽然有迹象表明文秘类工作会朝这一方向变化，但还是有很

---

① 勒斯纳，《办公自动化的影响》，第149页；巴罗·阿德勒，“自动化和工作：银行个案”（法国皮卡地大学博士学位第三阶段主题）；“自动化提高技术要求吗？还有什么呢？”（递交转变期微电子学大会的论文：“工业改造与社会变迁”，加利福尼亚大学，圣克鲁斯，1983年5月）。

② 巴罗·斯特拉斯曼，《信息报偿：电子时代的工作改造》（纽约：自由出版社，1985年），第198页。

多例子，说明文秘工作是在极其有限的技术基础上组织起来的。以电脑为基础的技术，正在用以降低技术水平，因此，劳动将比过去廉价、易被替代了。[①] 有极端例子表明，企业正在采用新的通信技术，向第三世界低工资国家输出某几类文秘工作。[②] 不过，这些只不过是过渡性措施而已。用光扫描器录入信息，已比雇用第三世界的敲键盘手廉价了，[③]而且，其他各种日常文秘工作，也将逐渐实现自动化。

107 然而，提高文秘工作的级别还是受到强烈抵制，这种抵制，看来主要还是出于地位方面的考虑，经济理由倒并不是那么重要。女性文秘工作人员，常是组织中地位最低的群体，呕心沥血改组文秘劳动过程的管理人员，在冒使自己的地位下降的危险。[④] 例如，培训开发人员，好像就宁愿与管理人员共事，而不愿与秘书共事。在保险业一类文秘人员占劳动力很大比重的行业，这些地位上的考虑不如经济压力大。但在其他很多组织，文秘人员的作用不太显著，因此，挑战地位因素的压力不太大。

企业不愿投资提升其文秘员工素质的一个例子，是越来越多地用临时性机构替代培训中心。虽然提供临时工的机构，通常都与低技术、易替换的工人联系在一起，但近年来的趋势却是，这些临时性

---

① 加森，《电子血汗工厂》。

② 技术评价办公室，《美国办公室自动化，1985—2000年间》（华盛顿特区：GPO，1985年），第218页。

③ 斯特拉斯曼，《信息报偿》，第216页。

④ 办公自动化努力上忽略培训，这一点，见艾伦·F. 韦斯廷等人《改变着的工作场所》（纽约州怀特普莱恩斯：知识产业出版社，1985年）的讨论。专业人员的地位，直接随其客户的地位变化而变化，这在社会学上是不言而喻的事。因此，与职员一起工作的人力资源人士，同与其他大多数类别员工一道工作的人力资源人士相比，地位要低一些。

机构在开展企业自身不愿做的培训工作。因此，临时机构如今在向人们提供劳动力市场需求量很大的尖端文字信息处理技术。[①]

但是，这也似是一种过渡性现象。如果提升文秘员工的地位能提高组织效能的话，企业会逐渐在压力之下克服地位考虑，把资源投入文秘员工的培训开发上。事实上，通过自动化和提升文秘员工技术水平，从而提高办公效率，这已成为企业顾问和计划人员的中心关注点。

不过，必须重申并强调，无论就白领环境还是蓝领环境说，提 108
升技术与提高工作满意水平之间，都没有必然联系。增加培训时间，是常与压力加大、执行任务自主性减少相伴的。此外，即使是花 5 年才学会的工作，一旦这种工作成为日常工作，也会变得索然无味。最后，就算雇主提高技术水平高的员工的待遇是合理的，他们也未见得会这么做。

二元性和结构性失业等问题

到目前为止，我的论点是，工厂和办公室自动化，往往会使制造业工人和文秘人员的平均技术水平都得到提高。这些趋势，再加上专业人员和管理人员人数继续增长，那就意味着，劳动力中的大多数人将继续从事需要相当长培训期的职业。

不过，这些趋势也表明，还有种种相反趋势。既然工厂自动化和办公室自动化可以是替代劳动的，那么，文秘工作人员和制造业工人在劳动力总数所占的比重，就是可望下降的。一种可能性是，

---

① 艾琳·阿普勒鲍姆，“重建工作：临时的、兼职的和在家的就业”，收于海迪(Heidi)·哈特曼编辑，《计算机集成电路块和论文节略》(华盛顿特区：国家科学院出版社，1987 年)，2：281。

低薪低技能员工在劳动力总数中所占的比重，将随着雇主加速创造低技术服务部门职位而得到提高。另一种可能性是，失业率将趋于上升，劳动力中将有越来越多的人陷入更为严重的无经济保障的状态。

近年来，有关这种相反趋势在美国实际上是否在起作用这一问题，人们一直在进行激烈争论。"中等收入阶层有减无增论"理论家认为，比重极大的新职位是低薪职位，传统中等收入职位数量一直在缩小。这些研究中，巴里·布卢斯通和贝内特·哈里森所作的最有影响的研究认为，美国经济1979－1984年间所创造的新职位中，
109 高达58%是低薪岗位。[①]同时，大量研究证明，越来越多的人处于劳动力的边缘，他们不是处于失业或就业不足状态，就是不得不接受"临时工作"，临时工作没有什么福利，也没有就业保障。[②]

布卢斯通和哈里森见解的最新说法，集中于全时终年员工的工资的趋势。他们发现，收入少于11103美元的工人所占百分比，已由 1979 年的 14%增至 1986 年的 17%。[③] 这发生于 20 世纪 60 年代从超过 21%锐减至不足 13%之后。

---

① 巴里·布卢斯通和贝内特·哈里森，"美国庞大的就业机器：美国经济低薪职业的激增"（为美国国会联合经济委员会准备的论文，1986年12月）。另见贝内特·布卢斯通和巴里·哈里森，《巨变：公司重建和美国的两极化》（纽约：基础图书出版公司，1988年）。

② 罗伯特·库特纳报告指出，官方失业率与对兼职和受挫工人数据作出调整的另一指标间，差异日大。1979－1988 年间，官方失业率从 5.8%降至 5.5%，而非官方失业率则从 9.7%上升为 10.3%。"劳工市场不像看上去那样是赢家"，《商业周刊》，1989 年 3 月 27 日。另见沃德·莫尔豪斯和戴维·登博，《流行"恢复"的弱点：在美国工作的失业和陷入贫困》，第一号特别报告，国际和公共事务委员会，1984 年 10 月；偶然就业情况，见杰弗里·普费弗和詹姆斯·N.巴伦，"辞退工人：就业结构的新趋势"，《组织行为研究》（1988 年），第 257－303 页。

③ 既然他们比较的，是实际工资，物价折算指数——物价变动的调整——的质量，对其结果会有重大影响。这些措施存在的问题，待第 6 章讨论。

不过,1979—1986年间两极分化加剧发展的这种趋势,并没有反映在上述表3中,该表告诉我们,低技术劳动力所占的百分比依然是14%左右。[①] 布卢斯通和哈里森严密关注的,是工资水平,而不是技术水平。情况可能是,在最近这一段时期,越来越多的中等技术岗位按较低工资水平拿工资。这可以解释他们的研究结果,而且也与有组织的劳工近年来讨价还价的能力下降相一致。事实上,里根政府时期很流行的双层工资合同,就非常清楚地表明,此前工资水平较高的岗位,其新就业者的工资水平被降低了。 110
不过,这种为降低具有中等技术水平的员工的工资所作的努力,从长远看能否成功,是有理由予以质疑的。[②]

实际上,两极分化的论点若是扩展至包括非全日、非全年员工的经历的话,会更具有说服力。布卢斯通和哈里森的58%这一数据反映了下列事实,即20世纪80年代创造的新岗位中,一非常大的份额,是非全日的和低薪的,而且常系妇女所从事的工作。此外,很多企业采用了以临时工对付需求波动的策略,这些工人,常雇自临时机构,通常不大可能全年工作。[③] 雇主的这种策略造成

---

① 表3包括专职和兼职员工。不过,既然低工资兼职工,比低工资专职工,扩大得快,扩大两极化的一种趋势,就会在这里注意到,这会是可能性更大了。

② 事实上,已有相当多具有某种两层制配置的管理理想幻灭的证据。一起工作的雇员两个等级的创造,引起了种种紧张关系。参看阿龙·伯恩斯坦,“为什么双层工资等级开始消失”,《商业周刊》,1987年3月16日。一项研究指出,既然资方有以低薪工人替代高薪工人意向,于是,中心问题,也就是,是高工资工人就业保障递减了。彼得·卡佩利和彼得·D.谢拉,“评价双层制工资制度下工人的态度”(宾夕法尼亚大学管理系,工作底稿第726号,1988年7月),第24—25、39页。但注意,卡佩利和谢拉,是强调劳资双方达成这种两层制工资合同的持久意愿的(第44—45页)。

③ 阿普勒鲍姆,“重建工作”,收入哈特曼编辑,《计算机集成电路块和论文节略》,2,第268—310页。

了一个讨价还价能力相对有限的扩大了的员工群体。

评价这些趋势对于整个经济的重要性，不是容易的事，而且也很难知道，1979—1986 这段时期是代表了未来趋势，还是不代表未来趋势。不过，可以指出以下两点，这两点很重要。首先，本书没有必要去证明，那些认为二元性不断加剧的理论家是错误的。正相反，低工资和低技术就业人数的急剧增长与经济中大多数工作现在都具有而且将继续具有较高技术水平这一观察结果相一致。表 3 中的低技术类别工作所占百分比，若要从 1986 年占就业总人数的 14%增加到 1995 年的 20%，尚需低技术工作有非常大的增加，要出现比迄今为止强大得多的增加趋势。那会是低技术就业人数的一种令人震惊的扩展。这样一种转变会产生巨大的经济影响，大大增加生活于贫困水平或接近于贫困水平的人数。然
111 而，到 1995 年，SVP 计分为 5 或高一些的工作，将很容易占就业总人数的 60%至 70%。在这种情况下，经济的平均技术水平将仍然较高，大多数雇主将不得不与管理高技术员工这一难题作斗争。

第二点是，低技术岗位数扩大或收缩的速度，并非无可变更的经济规律的结果。社会政策在形成这些趋势中起了关键作用，不同国家有完全不同的经验，在新创造的服务岗位的技术含量方面，尤其如此。[①] 有关工资福利以及政府提供的社会服务的内容和形式等的规定，会对低薪就业人数的增长产生特别强烈的影响。

对于总的就业趋势，我们也可以持相同观点。虽然先进技术

---

① 瑞典服务部门新创工作岗位，是公营的和相对高技术性的，这与美国的趋势不同，美国是服务部门就业增长见于私营部门，而且常系低技术的。参看戈兰·特尔伯恩（Therborn），《为什么有的人失业率比别的人高：奇怪的增长与失业悖论》（伦敦：韦尔索，1986 年），第 83—88 页。

很可能会缩小诸如制造业和文秘等重要就业部门的规模，然而，结构性失业未见得势必有增无减。在决定快餐店职工和儿童保育人员的相对重要性上，随着政府政策将发挥关键性作用，服务部门的就业人数似乎很可能会继续扩大。但决定失业率的最重要的长期因素，将是影响劳动供给的那些因素，即平均工作周和工作年的长度、兼职与专职工作的组合以及不同人口群体的劳动力参与率。[1]在美国，劳动力参与率从 20 世纪 60 年代初 16 岁以上人口的60％，稳步提高到 1986 年的 65％。这一提高帮助大大促成了就 112
业增长，但从宏观经济观点看，历史上的这种高参与率是并不受欢迎的。[2]

对有效利用劳动的重新概念化

有了上述讨论，对于在日益呈现后工业特征的经济中有效利用劳动的必要条件作一重新概念化，就是水到渠成的事了。这里的想法，无非是要明确说明有效利用劳动起码的先决条件；涉及这些先决条件的各项具体制度改革，留待下一章讨论。下面仅讨论两组先决条件；一组是在企业层面起作用的先决条件，另一组是在就整个经济中使人适得其位（职位）的过程中起作用的先决条件。

企业层面

激发员工的积极性这个问题，在技术水平高的工作场所，变得

---

① 同上，在证实各国有关这些变量上的巨大差异方面，上文也颇有价值。

② 有关这种结果的理由，参看弗雷德·布洛克，“对福利国家政治经济学的反思”，收入布洛克等的，“Mean Season”，第 128－134 页。

益发重要了。即使严密监督行不通，或是成本高时，管理部门也还是要求员工不仅努力工作，而且卓有成效，并要求他们就最有效组织工作流程问题，出主意，想办法。

调动积极性这个问题，常狭义地概念化为也就是劝员工别松松垮垮。然而，在高技术环境下，管理人员常常要求员工，不只是专心致志工作，而且要动脑筋，创造性地工作。在错误的后果可能很严重的种种计算机化环境下，专心致志这个问题可就是尖锐的了。① 负责操作昂贵的自动化系统的机械师，或把信息直接输入
113 计算机的银行出纳员，一旦走神，后果是要付出沉重代价的。减少这几类错误，这对于一个企业的经济成败来说，可能是一种决定性因素。

但凡解决问题成为一种职位的一个日常组成部分时，动脑筋、发挥创造性，就无论何时都必不可少，而强调解决问题，则是很多以计算机为基础的岗位的特点。既然日常工作都由自动机械完成了，留待人完成的，也就是非日常工作而已，而这种工作，通常就都得动脑筋、发挥创造性了。排除程序中的错误，或是有效地检修一个机械碎片，都需要有别于按照预先规定的步骤方案工作的某种做法。解决问题的工作，常常还有赖于同本组织中其他人或其他单位开展更有效的协调配合。

在劳动经济学中，员工对解决问题作出集体贡献这个问题，业已依据艾伯特·赫尔希曼“发言权”这一概念，有用地予以概念化

---

① 与马克思主义的工业管理以榨取剩余价值为主的观点大为不同，赫希霍恩是把后工业管理这个问题，概念化为设法吸引注意力，颇具建设性。这种阐述，系经深思熟虑而为，是似非而可能是的，因为注意力，不是靠强制就轻易吸引得了的。人员沟通。

了。在《退出、发言权和忠诚》这部著作中，他举出了产品质量在降低这么一家公司的例子并指出，与坐等市场信号相比，员工对质量下降发怨言（行使发言权），或许是更快捷、更有效地扭转质量下降的途径。[①] 但发言权，未必仅仅是含糊的求助喊声；它也可以是推动企业朝着有效利用资源迈进的一种重要机制。例如，在复杂的以电脑化为基础的生产体系中，根本就无从知道，以哪一种方式组织工作比其他方式好。在这种情况下，在帮助企业设法改善生产的组织上，行使员工发言权，可以起到某种关键作用。

事实上，很多企业都设法通过建立集体解决问题的制度，实现行使工人发言权的制度化。[②] 不论这些制度是称为质量管理小组，还是叫做别的，它们都以这样一种见解为依据，即集体和个人解决问题是紧密联系在一起的。首先，在促进个人解决问题上，集体的努力可以是重要的。个人很容易被一个问题难住，而来自他人的投入，则可促成新的思路，从而使问题有望得到解决。其次，人们的努力，通常是相互依赖的；如有一个人在试图改进一个机械 114
或一个程序的某个部分，这就有可能对负责该机器或软件某个相邻部分的人有所启发。第三，通常总有一系列重要问题，这些问题，固然并不与属于任何一个人的专属权限的工作有关，但整个群体，集思广益，解决办法也就有了。

尽管借助集体解决问题的制度调动员工发言权，对一个组织可以极其有用，但在群体环境下，劝说人们行使各自发言权，并非一个简单问题。这对参与的个人有风险，例如，蒙耻的可能性和暴

---

① 麻省，剑桥：哈佛大学出版社，1970 年。

② 托马斯·科汉等，《美国劳资关系的变化》（纽约：基础图书出版公司，1986 年），第 4 章。

露信息的危险——这种信息对他人有利，因而会被利用。此外，参与的结果，是否对个人有利，也不是那么肯定无疑的；他或她提的宝贵意见，或许就成了耳旁风，再就是，采纳那些意见后，产生了好处，可他或她，或许一无所获。

对管理部门而言的问题，则是难以强人所难，非要人们有效地解决各种各样的问题。如果员工感到该群体所为，纯系自上而下强加的一种不合理的要求的话，参与群体的活动，就徒具形式了。一旦压力过大，就连个人解决问题的能力也会受到损害。[①] 由此可见，个人因未能解决问题而遭受处罚的气氛，很有可能产生相反效果。

毫无疑问，效率工资理论家强调的那些因素，即高工资、就业保障和职业阶梯节节上调的允诺，都有助于调动员工的积极性。但在前面所说的情况下，真正需要的，是激发员工的合作意愿。雇佣关系中的合作一面，对于维持全神贯注解决问题的能力，是必不可少的。

那么，管理部门当如何着手加强合作意愿，确保员工积极性不减呢？促成合作，似乎要有两个基本的必要条件；一是要弱化管理和劳动力市场的强制，二是要有一种公平合理的制度，确保劳资双方共担做生意的风险，共享做生意的报酬。

115 就算能以合作替代强制，也还是可以说，合作双方断无可能利益均等。员工愈是强烈地感到受管理当局的任意摆布，他们专心致志于企业目标的可能性就愈小，这是不言而喻的。此外，既然解

---

① “大量研究表明，一有压力，人们的决策就会失去理性”（阿米塔伊·埃齐奥尼《道德层面：朝向新经济学的思考》[纽约：自由出版社，1988年]，第73页）。

决问题是常要冒风险的，因此，选择失当通常导致受解雇的一种气氛，只会使员工心灰意冷，发挥创造性无从谈起。可见，采取种种措施，减少管理和劳动力市场的强制，例如对雇主的武断专横行为制定程序性保证条款，采取措施确保员工即使失业也有收入保障，很有可能促进合作。

在当代背景下，对合作的一种严重威胁，来自企业管理班子易手，在发生公司接管时，新班子替代原班子是常事。即使原班子在促成合作方面卓有成效，可新班子是否恪守原先达成的劳资协议，员工是心中无数的。总而言之，企业主管人员市场的存在，会抑制员工的合作意愿，因为员工无法指望达成的协议会延续下去。这就表明，要极大化合作，在由谁控制企业这个问题上就得给予员工某种发言权。

类似地，当员工有理由认为有人从其劳动中获利极多时，合作就难以持久。如果企业破产给高层管理者带来的风险与其他员工迥然不同，这对合作也会是有破坏性的。由此可见，保障利益与负担均摊的各种机制，是加强合作意愿的一项决定性先决条件。

劳动市场层面

效率问题，并不是都能在企业这个层面予以解决的，因为有的效率问题与整个劳动力市场的运行有关，这种运行使人和工作相协调。“内部劳动力市场”这一发现，使对一个配置所有劳动力的匀质劳动力市场加以概念化成问题了，但从总体的角度考虑劳动力市场还是有价值的。这整个市场，究竟是有效运转，还是不尽如 116
人意，这要看个人在多大程度上被配置于合适的工作岗位。例如，如果一个总的劳动市场将大量有才干的人都配置于低工资、低技术岗位,那它就是一个促成资源无效利用的市场。

当我们不抱有新古典理论的成见对整个劳动市场加以概念化时,显而易见,该市场就总由不是源自经济的“背景因素”构成。无论在何种社会,都有对适于特定人口群体——不论是妇女、少数民族,还是年轻人——做的那类工作的广泛的文化上的理解。[1] 这些文化上的理解可能会发生冲突,因此也就有围绕不同群体可得到的工作类别的斗争。[2] 但基本的一点是,这些文化上的理解以极重要的方式影响着劳动力市场的组织结构。

第二组背景因素,是有关做多少工作构成一种职位的理解。可以想象,有一个劳动力市场,在该市场上,每个人都可以就自己愿意工作多少个小时自由进行谈判,但实际情况却是,职位通常是预先就规定需完成20、40、50或60小时工作的。在发达资本主义国家,这些规定主要是通过国家立法形成的,国家立法限定了某几类受保护工人的正常工作日的长度。[3] 类似地,兼职的时间长度,也常常按照与保障工人工作某个总时数应享有某些利益的规定之间的负关联予以规定。

对于需要确保投身工作与尽家庭义务两不误的员工来说,与某种职位相联系的工时数的相对刚性,是可能造成痛苦的。此外,
117 兼职工作几乎总是地位低下,兼职者没有晋升可能性这一事实,则

---

① 人们还可进一步认为,这些文化理解适用于具有不同受教育年限的人们。参看伊瓦尔·伯格,《教育与职业:大量培训在劫难逃》(纽约:普雷格,1970年)。

② 例如,参看鲁思·米尔克曼(Milkman)对第二次世界大战期间电气和汽车女工的有价值研究,《性别作用:第二次世界大战期间按性别分工的动态》(厄巴纳:伊利诺伊大学出版社,1987年)。

③ 美国的情况,参看龙尼·斯坦伯格,《工资和工时:20世纪美国的劳工和改革》(新不伦瑞克:拉特格斯大学出版社,1982年)。

更在原有严格死板外增添了烦恼。[1] 劳动力市场的这些特点，使得个人难以设想出既能使他们尽到其他义务，又能沿职业生涯阶梯节节上升的未来一系列工作。[2]

最后，劳动力市场还受一组安排的影响，这组安排决定了个人接受培训的程度，而所接受的培训程度又影响着其作为员工的效能。公司确实利用“内部劳动力市场”来培训员工，但它们提供的正规培训资金，大部分是花在专业领域和管理层的员工身上的。[3]企业通常不愿投资培训蓝领工人和文秘工作人员，担心他们会以所学新技术跳槽多挣钱。是有几个行业制订了创新计划，由管理部门资助员工接受深造，但一般而论，培训的经济负担，还是落在培训者身上的。不过，由于凭自身能力找到掌握了新技术会受到报偿的职位，可能性渺茫，因而人们往往对自身的技术投资不足。

上述种种情况——歧视、工时刚性和培训投资不足——都体现了劳动力市场在给以人尽其才的职位上的一种潜在失败。从理论上说，如果这一类失败无处不在的话，那么，对员工所思所想反应敏感的富于创新精神的企业，应该能够通过给予员工方便，而以较少成本赢得较大的忠诚。这些富于创新精神的企业的成功，会迅即为其他企业所效法的，因为它们明白了，换种政策，即可带来经济利益。不过，若是整个劳动力市场被分割成一系列相对自我封闭的内部劳动力市场，这种自动校正的活力，就很可能非常微弱

---

① 韦罗妮卡·比奇和特莎·珀金斯，《工时问题：妇女、兼职和劳工市场》（明尼阿波利斯：明尼苏达大学出版社，987 年），尤其是第 166－169 页。

② 这是卡门·西里安尼下文的主题，“后工业社会时间的自我管理：朝向民主的选择”，载《社会主义评论》第 88 卷（1988 年 10－12 月），第 5－56 页。

③ 参看利拉德和亨利·W. 坦（Tan），《私营部门培训：谁得到培训以及培训效果如何》（加利福尼亚州圣莫尼卡：兰德公司，1986 年），第 12 页。

了。

如果某个人只能从事没有晋升机会的兼职工作，或是某个人
118 的财力非常有限，他或她无法冒投资学习新技术的风险，则这些劳动市场缺陷就很有可能严重制约个人选择的效能。一旦有很多人受雇于不利用其学习潜力的职位，那么，个人选择所受的重重限制，还会对经济造成影响。低技能工作数量有增无减、进一步限制流动选择机会时，这个问题会进一步加剧。

由此可见，有效利用劳动的另一先决条件，是制定有助于改造整个劳动市场以提高个人选择效能的社会政策。公共政策业已取得一定成功的一个领域，是禁止基于种族、民族、性别或年龄等标准分配工作的反歧视法规。不过，还有相当大的余地进一步抨击劳动市场上的歧视。采取政策使员工能更灵活地安排其工作时间，包括采取措施给个人以在兼职和专职就业之间反复变换的机会等，为另一重要领域。

不过，最基本的先决条件，则是有一套社会政策，使人们有机会在成年期开发其智力技能，而不论这是指攻读某一大学文科课程或研究生学位，还是指完成某项职业培训。这些机会，还可以扩大，方法是为教育成本提供部分政府补贴以及收入补助，以使个人得以专心致志学习几年。社会政策也可以引向企业，鼓励它们为其员工接受教育和利用培训机会增加支出。这种种政策一旦付诸实施，那些陷于没有吸引力的职位或没有充分挖掘其智力潜力的职位的人们，也就会得到现实的机会变得心满意足起来，生产率得到提高。

结　论

就有效利用劳动力所作的这种重新概念化特别重要，因为劳资关系问题上非常多的公开争论，迄今都始终受新古典学派假设的支配。① 这些假设植根于英国工业化初期出现的一种理论框架 119
中，它们依然在习以为常地用以为一套政策建议辩护，或用以反对另一套政策建议。例如，在当代的政治辩论中，工会一般充其量也就是被看成必要的祸害而已，因为在确定劳动价格时，它们行使垄断力量会妨碍市场的高效率资源配置，在英国，正是这一逻辑构成了取缔工会的联合法的基础。理查德·弗里曼和詹姆斯·梅多夫(Medoff)最近的研究发现，有工会的企业比起没有工会的企业来，生产率要高，这一研究结果在公开辩论中之所以几乎一直被全然漠视，就是因为它公然蔑视了这种流行的新古典主义看法。② 然而，生产的性质，以及更具体地说，代表性员工的技术和责任心，从英国19世纪初到现在都已发生了巨变了。如果想当然地认为，同一理论能充分说明这两种历史环境中劳动的有效利用，那得使信念做出巨大跳跃。不过，与其做此跳跃，倒不如遵循本章的逻辑，根据当代工作场所的实际情况提出一种有效利用劳动的理论，这似乎要好得多。

---

① 对这种新古典观点，此批评立场的效率工资理论家和其他劳动经济学家，对公共政策争论的影响，似是迄今相对极少。这或许在改变着，因为劳工法的有的分析者，现在已在利用这批著作，为影响雇佣惯例的法律制度的变化辩护。例如，参看巴罗·韦勒，"有效的法律"(哈佛大学法学院)。

② 理查德·弗里曼和詹姆斯·梅多夫(Medoff)，《工会做什么？》(纽约：基本图书出版公司，1984年)。

第五章　资本

资本这个概念提出的问题，与提出劳动这个概念时碰到的问题完全不同。就劳动来说，从考察有效利用人类劳动的条件开始就行。就资本提出同一问题，那就得臆断很成问题的这么一点了，也就是，我们知道究竟什么叫资本。这历来是个问题，但后工业的种种趋势，已使资本的任何现存定义或者计量尺度的一致性荡然无存。

本章的论点，分四步予以阐述。首先，把产出归因于资本的投入，而不是归因于影响如何利用实物资本的一系列组织因素，这越来越成问题了。其次，实现资本节约的流行方法，亦即价格无须同量上涨就能增进实物资本效力的技术进步，既逐渐弱化了计量资本投入的尝试，又进一步突出了研制开发和利用机器的社会环境的重要性。第三，这种种新情况都意味着，各种传统的资本会计核算方法，无论对于企业，还是对于整个经济，都越来越成问题了。最后，这些概念上和计量上的难题，继而又都提出了有关资本受到优待的深刻问题，资本受到优待，这是我们当前政治经济安排中的一个最重要的方面。

给资本下定义中的传统问题 121

精确地给资本下定义并计量资本这个问题，困扰经济学家有年了。[①] 无论从理论上说，还是从经验上说，资本支出与其他支出的界线都是不易确定的。例如，尽管显而易见，重型机械和工厂建筑物都是资本投入的一部分，然而，说到“无形支出”，例如，研究或培训等项支出，是否也应看作资本，可就有歧见了。此外，即使这个问题，分析者满意地解决了，其他问题又会显得突出起来。一个国家的资本存量，由不同年份生产的极其多样的物品构成。既然资本存量中，实际上只有相对一小部分会是在最近的一年购入的，以原始市价计量资产总额，就是无法令人满意的。必须根据价格水平的变化进行某种调整，还得有一套方法，依据技术进步和折旧率来评估原始资本相对于新资本投入的价值。此外，分析者还必须决定如何处理下列事实，即资本货物，由于生产能力过剩，有的闲置着，而使用着的，利用强度，又可能是悬殊的，例如，有每天三班倒的，又有只是一班的。这些问题的不同解决办法，都可能导致对特定时点的经济的资本存量的完全不同的估计，从而对生产率和经济增长的估计产生重大影响。

记住马克思对古典经济学家论述资本的方法的批判，也很重要。他认为，经济学家假定资本是一种物——生产过程的一种投入——尽管是一种具有异常属性的物，因为资本被认为能赋予生

---

① 参看“引言”，见丹·厄舍编选，《资本的计量》（芝加哥：芝加哥大学出版社，1980年），第1—21页，该引言简明扼要地讨论了一些定义问题。

产过程以生命，而且获得的报酬类似于从事劳动的人获得的报酬。马克思则坚持相反的看法，认为资本是一种社会关系。在马克思看来，机器本身并不是一项资本，机器被嵌入了一组社会安排之中，正是这些社会安排赋予了机器以某些特性。

122 黑奴是什么？是黑种人。这几乎等于下面一种解释。

> 黑人就是黑人。黑奴只是在某些关系中才成为奴隶。珍妮纺纱机是把棉花纺成纱的机器。它唯有在某些关系中才成为资本。撇开这些关系，它就不是资本了，正如黄金本身不是货币，糖不是糖的价格那样。[①]

是人建立了社会环境，在社会环境中，机器似乎赋予生产过程以生命并获得经济收益。总之，资本是这种社会环境的名称，机器被嵌入了社会环境之中。

具讽刺意味的是，马克思对利润率呈现下降这种趋势的详尽阐述，削弱了他自己对资本的性质的真知灼见的基础。几代马克思主义经济学家一直试图推测剩余价值的产生或资本的有机构成，在他们采用的框架中，资本无非是可以用某种客观方式加以计量的一种物而已。

不过，马克思的批判，还是一个发人深省的提示，它使人们清楚意识到，把资本简单地概念化为生产过程的一种投入，这是大有问题的。这个提示，适值后工业趋势使社会环境变得比过去更重要之时，就变得尤为具有紧迫性了，资本货物是在这种社会环境中

---

① 卡尔·马克思，"工资劳动与资本"，见罗伯特·C. 塔克编辑，《马克思－恩格斯读物》（纽约：诺顿，1972年），第176页。

得到利用的。进行一项相对简单的实验，即可明白这一点。

一项思想实验

设想有两个工作环境，这两个工作环境首先是实物资本存量相同，劳动力接受的教育相同，掌握的技术也相同，而且生产相同的产品。[①] 例如，两家工厂都用先进生产技术生产消费器具。于是，可以考察这两个工作场所在产量和获利能力上为何大不相同。[②] 经济学家往往会依据生产函数进行思考，在生产函数中，产 123
出是资本和劳动投入的函数，但在此思想实验中，能把经济绩效差别解释清楚的，是另外的变量。首先，工人的生产率可以大有差别，这是显而易见的，而这又可溯及激励和所受培训了。工厂甲或许因为工资高、就业保障做得好和职业生涯前景有吸引力，而能激励员工生产积极性，从而产量高一些。此外，为使工人中的学习系统化所作出的努力，或许能使他们人人都成为解决问题的能手。这可从比方说在两个工厂窝工时间，即自动化设备闲置时间，和调试机器的时间上，显示出巨大差别来。即令生产技术相对简单，激励和培训的差别或许也不可小视，而且，随着技术日渐复杂，差别还可能变得大得多。

其次，由于最终产品质量有别，两个工厂得自一定产出量的利

---

① 此比较的经典来源，首推哈维·莱本施泰因，《超越经济人：微观经济学新基础》(麻省，剑桥：哈佛大学出版社，1976 年)。

② 如果人们能够依赖两种紧密相配的生产设施之间的一种实际比较，固然很好，但是，这样的比较，文献中罕见。部分问题，是企业常不愿把相关信息，就这样传递给独立的研究人员。但即使有了接近的机会，对比较产生影响的变量，也还是难以全部都予以控制。假如观察期内工厂中有一家发生罢工、停工或管理层人员调整，那就会足以搅乱比较的。

润有可能不同。若一个工厂的产品有缺陷还是向客户交货，则该厂失去客户并致使利润率大降的可能性就很大了。反之，若是发现并纠正缺陷，时间和一应举措上的耗费可就很大，这可能损害生产率。但凡产品质量成问题时，一开始就把生产过程组织好，正确对待出现的问题，显然要好得多。这里，激励和培训劳动力又成了关键变量。不过，对于达到最佳质量，还有几个组织因素，也是具有决定性意义的。多项人种学研究表明，比起极大化产出的管理举措来，质量管理常是次要的。[①] 如果质量管理监督人员屈从于就让次品出厂的压力，质量管理的全盘努力，即成虚有其表了。人
124 们常在许多方面强调日本式管理的优越，这便是其中的一个方面；日本人发展出了一种组织形式，按照这种组织形式，质量管理不是一项独立的功能，而是纳入所有生产任务之中。[②]

假如我们再进一步设想，这两个相同的工厂生产的都是服务，而不是商品，那么，质量问题甚至就变得还要突出。例如，在一种医院或银行的环境下，客户与员工的相互作用的质量，就是服务的一个重要组成部分。然而，正如就工业环境下的情况所说的，管理人员很容易主要关注数量，即容易计量的产出目标。情况如此，服务的质量这一方面，也就可能被漠视了。结果，在劳动和资本等项起始资源完全相同的生产单位之间，经济绩效，很可能极大地不同。

第三，两厂在原料和存货管理上，效率也可能大相径庭。新近

---

① 汤姆·茹拉维茨(Juravich)，《工作场所的混乱》(费城：坦普尔大学出版社，1985年)，第117—137页；迈克尔·布拉沃伊(Burawoy)《捏造一致：垄断资本主义条件下劳动过程的变化》(芝加哥：芝加哥大学出版社，1979年)，第56—57，182—183页。

② 罗伯特·E.科尔，《工作，流动性，和参与：美国工业与日本工业的比较研究》(伯克利：加利福尼亚大学出版社，1979年)，第135—139页。

研究表明，美国企业对生产过程的原料的使用情况，记账往往一塌糊涂。然而，生产过程中浪费的原料数量，对企业的整体效率会产生很大影响。一项研究表明，在流水作业式生产中，浪费的原料总量降低一个百分点，就可以提高总要素生产率三个百分点。[①] 考虑到工业废料处理成本，包括有害废物的社会成本的提高，组织生产时尽量减少浪费，由此获得的利益会是很可观的。节省能源是减少浪费的又一重要方面。即使两厂物质设施完全一样，也还是能找到在生产过程中节省能源的办法，对能源总成本来说，这会有重大影响。

此外，一个企业维持大量原材料存货的成本，也会是相当大的。在金属加工工业中，加工一个零部件，通常仅用其在厂总时间 125
的 5%。[②] 若是该零部件需 5 天才能完成加工的话，那么，它滞留于厂内的时间就会是长达 3 个月了。缩短投产准备时间，即零部件等待加工时间，企业即可大大减少其存货投资，从而使其资源得以更多地用于生产。然而，企业管理存货的方法，是一种独立于其资本和劳动的最初存量的变量。

第四，在各自对变化着的市场环境作出灵活反应的能力上，两厂也会大有差别。工人接受的激励和培训的不同，再加上组织设计的迥异，有可能使得工厂甲在用新机械设备装备工厂上，远较工厂乙快而有效。既然各企业，都不再指望对某种商品或服务的需

---

① 罗伯特·海斯和金·B. 克拉克，“探讨工厂层次生产率差异的根源”，收入金·克拉克，罗伯特·H. 海斯和克里斯托弗·洛伦茨编选，《不稳定的联盟：管理生产率——技术的窘境》（波士顿：哈佛商学院出版社，1985 年），第 151－188 页。

② 罗伯特·U. 艾尔斯和斯蒂芬·M. 米勒，《机器人：应用与社会含义》（麻省，剑桥：巴林杰，1983 年），第 283－285 页。

求保持不变,这一应变能力可以证明是极其重要的。

这一与应变能力有关的变量,对企业有效利用新的资本货物的能力,也不无影响。当两厂更换过时机器的时候到来时,更具应变能力的企业,就可能对合适的技术作出更好的选择,对过渡阶段的管理也更有效率,并且最终会从新的资本设备中获得更多产出量。即使坚持两厂为此第二轮资本付出的金钱相同,产出的差异也还是很容易随着每增一美元投资而更加明显。

第五,劳动生产率、产出质量和企业的应变能力,还都受以计算机为基础的技术所用的软件的质量的影响。① 不论谈的是主计算机、个人计算机还是各种各样计算机辅助制造,计算机都需要有操作系统和应用软件来完成特定任务。这种软件的代码,可能
126 是以各种不同水平的技术写成的,从而对机器运转时间数量和完成特定任务所需的人类劳动会有不同影响。此外,更好的软件,还可能使原先必须由手工完成或是根本无法完成的任务实现自动化。

最后,两厂可能在火灾、工人安全、客户安全、玩忽职守和环境污染等方面的安全记录上,存在明显差别。卡罗尔·海默说,就某些责任说,保险业一直鼓励建立精心设计的程序,以确保企业发挥积极作用,减少这些风险,但努力的程度,在企业之间仍有明显差别。② 但关键问题还是在于,在这个领域,即使一个企业,因有保

---

① 在国民收入会计中,软件的支出不作投资计入;而是视之为中间货物,系生产成本的一部分。但在企业层次,有的软件支出,则是用于纳税,看成资本支出的,虽然与企业内开发软件相关的成本,可作多种解释。这后一点,参看罗伯特·W.麦吉,《数据处理成本会计》(纽约:Quorum Books,1988 年),尤其是第 6 章。

② 卡洛尔·海默,《反应的风险和理性行为》(伯克利:加利福尼亚大学出版社,1985 年)。

险，或因为政府强制执行不力，而免于承担工作疏忽造成的某些成本，这些成本还是得由社会承担的。此外，有了现代化学技术和核技术，严重事故的成本，可能是巨大的。博帕尔或切尔诺贝利一级的事故固然罕见，然而其成本却大到足以使正常的盈亏计算完全失去意义。

存在重大差别的领域即使列举这样六个，也还是难以穷尽相关变量。若把分析扩大到超出工厂这一层面，而把生产过程前和生产过程后所采取的步骤也给包括进去的话，则还有影响生产成本和效益的其他重要因素。有研究与发展努力，凭借这一努力，企业决定生产什么产品。即使员工和物质设施均很相似，一个企业的管理层在促进新产品创意或组织生产过程的创意方面，也还是可能比另一个企业成功得多。两企业营销努力的成功，也可能大相径庭，一个企业在使其产品满足消费者需要方面可能比另一企业好得多。很多产品，包括消费者用具在内，都需要在消费者购买后为其提供即期服务和支持，而履行修理、维护、信息和支持等职能的效率，则可能有高有低。在一些情况下，这些服务是企业又一收入来源，而在另一些情况下，它们会影响企业所获得的客户忠诚度。 127
无论就哪种情况说，它们对企业的获利能力，都很重要。最后，在生产过程的所有阶段，本组织各组成部分之间和本组织与外部如供应商与客户之间，实现沟通的速度和质量，都将对效率产生重大影响。显然，电话和计算机网络等硬件能促进沟通，然而又有多种组织变量可能阻碍或加速信息流动。但凡能使其组织适于促进沟通、实现通信硬件最大化利用的企业，都将获得某种竞争优势。

应当清楚，尽管许多这些非传统生产要素，从来都是起着某种经济作用，可现在，它们对经济越来越重要了。全国产出量中稳步减少的一个份额，是具有经济学家所说的典型小产品特征的商品。典型小产品，是一种标准化商品，它们可由非熟练劳动生产出来，没有明显质量差异，无须特别营销或售后客户支持。大多数服务——现在占消费者购买总额的大部分——都与典型小产品几乎毫无相似之处。[①] 此外，很多商品，尤其是耐用消费品和资本货物，都是由熟练工人生产出来的，质量差别日趋显著，客户需要获得生产者的持久支持。

此外，当代技术的几个特点，加强了这些非传统投入在生产过程中的重要性。首先，生产越来越依靠高度复杂、紧密结合在一起的易出故障的系统。[②] 工厂自工业主义开始起，就一直易于遭受火灾和事故的危害，但潜在灾难的规模，越来越大了。尤其在化
128 学、核电、卫生和航空运输与铁路运输等行业中，组织忽略安全问题的负面后果，越来越严重了。

其次，以计算机为基础的技术与消费者偏好变化相结合，导致了朝产品线差异化加大的一种明显转移。[③] 在一些行业，统一的大众化市场，已被许多专业化市场，即所谓“细分市场”(niches)所取代了。例如，就烘烤食品说，单一的白面包的主导地位，已被极其多样的特色面包所取代。与此同时，以计算机为基础的技术，使

---

① 一种可能的例外，是认不出同类中特大者与一个大麦克的质量差别的那些人的快餐汉堡。但尽管快餐店常看成是整个服务部门，可它们实际上完全是非典型的。对于社会保健服务和商业服务——两类增长最快的服务——来说，质量差别是极其重要的。

② 查尔斯·佩罗(Perrow)，《正常事故：凭高风险技术生活》(纽约：基础图书出版公司，1984年)。

③ 产品市场非标准化，是查尔斯·F.萨贝尔和迈克尔·J.皮奥里的合著的一个主题，《第二个工业分水岭：繁荣的可能性》(纽约：基础图书出版公司，1984年)。另见阿尔文·托夫勒，《第三次浪潮》(纽约：莫罗，1980年)。

得单独一个生产设施可以很容易地生产出多种不同产品。例如，在银行业，电脑已使可向客户提供的储蓄工具剧增成为可能的事了。但不论产品的这种非标准化缘由何在，最终结果总归是，生产一线的柔性是越来越重要了。而且，随着产品越来越复杂，再加上有的行业处于技术变革的风口浪尖，柔性已不仅意味着利用现有技术生产不同产品的能力，而且意味着对崭新技术的应变能力了。

概念化资本这个问题

一旦我们一一列举了对一个企业的效率有越来越大影响的多种非传统因素，问题也就产生了，这些因素该如何予以概念化和计量。增加软件、安全或质量管理预算会产生正面结果。若这些加大的支出采取购买实物资本，如购买一台用于质量管理新计算机的形式，这些支出也就显然可归类为资本投入。但如果投入的资源是员工的时间和努力，或是外购的服务，情况就变得较为复杂了。

自提出人力资本理论以来，有的经济学家已提出这样的论点，认为其中的某几类支出，实应计为经济的投资总额的组成部分。129
在经验研究中，约翰·肯德里克和罗伯特·艾斯纳，曾力图计量社会在无形资本上的支出总额——无形资本这一类别包括教育与培训和研究与开发上的支出。[①] 重要的是，这些研究表明，国民生产

---

① 约翰·W. 肯德里克，《资本总额的形成和存量》(纽约：国家经济研究局，1976年)；罗伯特·艾斯纳，“账户的收入总额制度”，载《当前商情概览》，1985年1月，第24—47页。

总值中用于资本投入的一部分所占的百分率，远高于资本传统地定义为有形投资时所占的比重，而且，投资对总产量的比率，也一直在提高着。①

然而，这些旨在计量"无形资本"的努力，是经济学家在多种不同阵线所面临的一种更大的计量两难困境的例子。这种两难困境，源自一种早已确立的经济核算方法与经济活动性质的变化之间的紧张关系，这种紧张关系，使得该会计制度成问题了。这种两难困境通常导致两种反应，一是传统主义者的反应，一是技术创新者的反应。传统主义者一向控制着商务部的经济分析局，他们反对改变既成方法，理由是，新的方法会给已获公认的统计数列引入太多的不确定性。他们通常认为，创立新的计量方法包含太多的主观判断，将使数据的价值化为乌有。技术创新者则通常回答说，如不修正数据，对经济的描绘就将越来越不准确，可以研究出各种技术来减少新计量方法的主观成分。

这些争论特别令人感兴趣之处在于，它们几乎从来都不对经济分析的基本概念表示怀疑。它们争论的是应采用何种方法来使某个范畴具有可操作性，而不管这个范畴是资本、国民生产总值，
130 还是生产者的耐用设备。传统主义者坚持采用现行的做法，技术创新者则要用一种新的方法计量这一范畴。事实上，创新者有时似乎是凭借完美的技术来回避理论问题。因此，这两种观点都与

① 按照国民收入会计，营业资本开支与营业经常性开支是有别的；前者是直接加入国民生产总值的，后者则不是。因此，扩大了资本定义范围的研究，得出的国民生产总值数据比法定报道的高得多。这些计量问题的政治含义，见弗雷德．布洛克"对福利国家政治经济学的反思"中的讨论，收入弗雷德·布洛克，理查德·A.克洛沃德，芭芭拉·埃伦赖希和弗朗西斯·福克斯·皮文，《麻烦的季节：对福利国家的抨击》（纽约：伟人祠图书，1987年），第118—120页。

本书采取的路径截然不同，本书要求对经济分析的基本概念必须予以重新考虑。

就计量资本而论，罗伯特·艾斯纳和约翰·肯德里克等创新者所作的研究，有理论一致性问题，因为这些研究只是把这些非传统变量中的几个重新界定为资本。如果把企业用于研究和开发的全部劳动和外部服务成本界定为一种资本的话，那么为什么不把用于安全、污染控制或软件开发的成本也界定为资本呢？在每一种情况下，这些都不是纯粹的日常开支，而是旨在对企业的生产能力产生长期影响的支出。此外，管理咨询一类企业服务，属于经济中增长最快的部分，购买这些服务，也可以看成是提高企业效能的一种投资。

用于企业市场营销能力，或其向客户提供支持和服务的能力方面的支出，更加难以归类。这里，必须区别企业开展业务所必不可少的现行活动和旨在产生长期结果的其他活动。因此，在市场营销方面，或许就得区分与客户的例行接触和考察市场未来特征的重大研究项目。类似地，在客户支持方面，必须区别日常提供支持的劳动，和为提高服务水平所作的努力(这种努力中包括开展研究工作)。这意味着，从逻辑上说，既要计量营销资本，又要计量客户支持资本。

思考资本的这一方法，提出了大量经验问题；要划清日常支出和这一扩大了的资本概念的界限，分析者实际上就得检查每一项支出和在职人员名单上的每一个人。然而，即使这样做了，所得结果也还会是不确定的，因为这种种支出的效果，还是有可能存在很 131
大差异的。例如，两企业在培训提升劳动力的人力资本上，支出可能完全相同，但这一支出的结果则可能完全不同。就其他种种“无形资本”支出中的任何一类说，也都可以得出同一结论。由此可见，这一方法，看来似乎不可能就以这样一个经验性结果而告结束，即：产出的差别可以用劳动以及各类资本等投入的数量上的差别来解释。

然而，与理论问题相比，这些经验问题就显得微不足道了。设想有一家利用最先进技术的小企业、例如一家利用柔性制造系统的日本企业，看一看它的账目，会是有用的。① 在这样一个企业，不会有传统的半熟练生产工人或职员，因为生产和办公室工作，都会是完全自动化了的。既然要做的大部分工作，是要弄清楚如何更有效地管理生产过程，那就很容易设想，劳动成本中，研究与开发占 30%、软件开发占 20%、改善人力资本占 20%、组织发展占 20%，安全资本占 10%。总之，该企业不会有劳动成本；除原材料采购外的一切，都代表一种资本支出。这一假设的企业，代表这样一种动态的合乎逻辑的终点，这一动态将使人们得以从例行的、重复的任务中解脱出来，而且使之转变成为解决问题的人，这类人总是不断地提升其智力水平。然而，一切劳动支出均成了资本支出这一概念，却是一种归谬法；它证明，把劳动和资本作生产过程中的关键投入的整个会计体制，已不再能理解该企业的资产负债表，或是经济产出的实际来源了。

另行某种概念化，把这各种各样的非传统投入都归类为组织因素，承认它们是决定社会生产能力的关键因素，看来要合乎逻辑得多。不管社会还是企业，在实物资本上都有或多或少的支出这

① 拉姆钱德兰·贾伊库马尔，“后工业制造业”，《哈佛商学院评论》，第 64 卷第 6 期(1986 年 11—12 月)，第 69—76 页。为简化计，这里当假设对于该企业来说，市场营销和客户支持不是重要问题。

一点，在决定经济产量上，都绝不会与这些组织因素的长处和弱点 132
一样重要。正如马克思所强调的，机器，本质上并非自然而然就是一种生产力，只有在一定社会环境下，它才成为一种生产力，而这种社会环境，是由企业在利用人和技术方面显示出的长处和弱点所提供的。

这种概念化的一个明显缺点，是它与经济学这一学科所强调的那种定量分析相抵触。如果人们引入无法用货币计量的组织变量的话，那么传统生产函数，也就是大成问题的。不过，问题不是出在概念化，而是出在现实。是历史的发展，增加了组织变量的重要性，无法再用劳动和资本等项投入来说明大部分经济增长。此外，这种量化研究可以继续进行；分析人员理应考虑此前忽略了的变量。他们必须想出新的方法，用以评价和计量组织效能的各种组成部分，然后才能把这些变量引入复杂的计量经济模型。这样的分析会缩小残差，即增长内无法用劳动和资本等项投入说明的那一部分，从而得出有价值的经验结果。但最重要的结果，还要数这样一种有关政策的深刻见解，就是经济绩效改善的关键，在于提高组织的效能。此番重新概念化的可取之处，因有实物资本计量和评价中的相似问题，而进一步得到了强化。资本节约过程，有助于进一步强调组织因素的中心地位。

资本节约问题

资本节约，意即无须相应提高价格，即可获得效能更高的机器，或者说，效能相同的机器，可以用较低的成本获得。大幅度的资本节约，将取决于科学技术的进步，因为这种进步会降低生产资本货物的成本。

133 资本节约,如果是大规模实现的,就会产生种种经济计量问题,而且,就整个经济来说,以不变美元计算的资本支出,将完全有可能减少。此类减少,通常被视为一种危险的信号,一种衰退和社会资本更新不足的信号。但若是把此类减少只看成是资本节约的结果的话,这会是一种误解。社会的资本存量,即使实际资本支出在减少,但从效能上看,也还会是增长的。

尽管对实物资本实际支出变化作出正确判断是重要的,然而现有的数据,却并没有考虑资本节约。在国民收入和产值账户中以及在劳工统计局用以建立扣除通货膨胀因素的价格指数中,几乎根本未作出努力,根据"无成本的质量变化",即产品质量不与生产成本挂钩的变化来进行调整。[1] 例如,如果改变某种数控机床的型号,提高成本5%,而该机床的生产能力则提高25%的话,这很可能只被看成价格提高了5%。假定两年中出售了同等数量的此类机床,这会显示为产量下降了5%,而其时,生产能力实际上提高了25%。

经济传统主义者,通常是抵制作出努力,对这类资本节约的影响作出评价的。他们认为,市场给出的价格,与对某种产品所提供的服务的其他估计相比,是对该产品的效用的一个更有价值的指标。[2] 他们进一步强调,就资本货物而论,不计量资本节约,相对

---

① 兹维·格里利谢斯,"评论",收于默里·F.福斯编选,《美国国民收入和产值账目》(芝加哥:芝加哥大学出版社,1983年),第143—144页。

② "按照这种价格指数,交易单位是产品本身,而不是它所提供的服务。由此可见,假如一个汽车轮胎持久耐用,报价就不能考虑服务储蓄的这一增加而予以直接调整,即使这可清楚明白予以强调,因为在市场计价的,是轮胎,而不是轮胎一英里数"(戈登·J.加斯通[Garston]和戴维·A.沃顿,"回答",收入约翰·肯德里克编选,《收

说来是无关紧要的，因为此类节约会以最终产品的增产和价格降 134
低等形式，在账目的其他地方显示出来。

计量资本节约的问题之所以严重，还因为对于特定的资本货物来说，通常并没有一个独一无二的相关的特征。一种经过改善的机器，或许能比原先的机器快一些完成某些工作，而且能完成原先的机器根本完成不了的工作。此外，生产能力提高的程度，当然还取决于操作者的技术和干劲、生产过程的组织等因素。

不过，经济创新者，已经研制出了对一种产品的价格变动与该产品多种特点之间的关系加以估计的工具。其中最重要的，首推“快乐”价格指数*。这种指数，通过对产品价格的数据进行回归分析，计量产品多重特征的成本，特征不同，计量所得的数量也不同。从理论上说，编制快乐价格指数，可以解决计量资本货物效用的变化这个问题。①

但实际上，使用快乐价格指数，也有几大问题。首先，正确使用该方法，先要掌握有关某种产品的大量信息，然后才能弄清楚该产品的哪些特征与购买决策确有关系。其次，每年都得收集大量价格观察资料，以确保相关特征都有信息。编制出好的快乐指数，于是变成了费钱耗时的技术。第三，产品特征的现时变化，将扰乱快乐指数的效能。由于统计方面的原因，可以富有成果地加以分

人和产品的工业构成》[纽约：国家经济研究局，1968 年]，第 482－485 页)。另见爱德华·丹尼森，“质量变化，资本消耗，和净资本构成的理论方面”，见《资本构成问题》(普林斯顿：普林斯顿大学出版社，1957 年)，第 215－260 页。

* 原文为“hedonic” price index，目前国内有人将这个术语译作享乐价格指数，有人将其译作特征价格指数，但译为快乐价格指数，似乎更为恰当。——校订者注

① 兹维·格里利谢斯编选，《价格指数与质量变化：新计量方法研究》(麻省，剑桥：哈佛大学出版社，1971 年)。

析的特征的个数是有限的，但是如果一个以前忽略了的特征开始变得重要了，此前的研究结果的价值，也就成问题了。第四，通常无法精确计量耐用性，而耐用性，对购买者来说却是极其重要的一
135 项产品特征，例如，在汽车工业，减少维修支出，已是一个越来越重要的卖点，但如果没有 5 年或 10 年的一个时间间隔，这一特征，人们就连估计也无从做起。最后，而且也是最重要的，产品特征通常是某种资本货物的效用的一个成问题的指标。[①] 例如，一台机床的速度，就不是该机器生产能力的一个可靠的指标。总之，快乐技术，是计量资本货物价值变化的一种间接的、不完善的方法。

近年来资本节约的新情况

一段时间以来，资本节约、无成本的质量变化和快乐价格指数的使用等问题，由于似乎并不特别紧迫，一直处于经济分析的边缘。虽说能够降低特定资本货物成本的技术突破不时出现，但是总的影响多年来公认还是小的。不过，随着多种资本货物所用的电子装置在微型化和廉价化方面接连取得了进展，这种情况改变了。20 世纪 70 年代初微处理器——芯片上的计算机——的开发，更是代表了资本节约过程的一项质的飞跃。有了微处理器，广泛多样的装置即能以大为降低了的成本生产了；依赖有很多移动部件的电动机械控制的机器，可以基于大为廉价了的电子控制实现重新设计了。

---

① 阿瑟·J. 亚历山大和布里杰·M. 米切尔，“计量匀质产品的技术变化”，载《技术预测与社会变迁》，第 27 卷（1985 年），第 161－195 页。

微处理器的开发，并非一个孤立事件，它启动了一个持续创新的过程。对于相继开发出的每一代微处理器，工程师设法将数倍于以前的逻辑电路放在同样大小的芯片上，微处理器处理信息的能力，变得越来越大了。每个芯片的成本随着大批量生产而锐降以来，按每美元投资计算的信息处理能力剧增了。这导致了兼容电子控制的各种资本货物的持续资本节约。

对于计算机工业自身说，发展一直是非常迅猛的，计算能力的 136
成本，每年下降高达 25%。[①] 事实上，整个计算机工业都被改造了，以前非有昂贵的主计算机不可的复杂运算，现在可以用一台小的个人计算机完成了。这些新发展，不仅为计算机技术创造了很多新的应用领域，而且使人们能用可以先前成本的很一小部分取得以前的计算能力。

直到 1985 年末，这种经济转变在可以获得的政府数据中仍然被完全忽视了。劳工统计局未见有计算机价格指数，因此在编制国民收入和产值账户时，政府统计学家也就只得假设计算机的价格一直保持不变。每年，计算机产品的按美元计的价值，也就不作任何价格变动的调整而列入国民收入和产值账户。这就导致两类扭曲。首先，价格下降，视为产量下降。例如，如果某种型号的价格从某年到下一年下降了 20%，但销售量没有变化，政府所用的方法就是报告说产量下降 20%。其次，质量变化，即每美元所能

① 不同的计算，产生不同的下降速率。不过，肯尼思·弗拉姆反映一致观点时写道："照实际情况说，过去 30 年，按平均计算，这种价格每年都下降 20%以上，而且有可能超过 25%(也就是，相对于整个经济所生产的所有商品和服务的某种平均价格而言)。"《创造计算机：政府，工业，和高技术》(华盛顿特区：布鲁金斯学会，1988 年)，第 1 页。

购买到的计算能力的提高，即令明知以今天的美元购买了多倍于5年前所花一美元所获计算能力，也给忽略了。

1985年底，政府经济学家尝试过对这两个问题作出回答，即采用了国际商用机器公司的经济学家编制的一种价格指数，该指数使用快乐方法来计量计算能力成本的变化。因此而对国民生产总值和资本货物采购所作的调整规模，提供了资本节约规模的一个初步指标。有了这个新的指数，1984年的国民生产总值（按1972年美元计）比此前的估计，高出1000亿美元、1972年至1982
137 年生产者耐用设备年增长率从5.6%跃升为12.6%。换言之，仅仅调整了计算机这一项的价格，按1972年美元计，即导致资本货物支出增长率翻了一倍而有余。

不过，就在政府统计学家采用这一新的计算机价格指数时，他们还把计算价格的基年由1972年调到了1982年。这种通常属于惯例性的转变，抵消了新的计算机价格指数对国民经济核算的影响。当一种产品如同计算机那样价格锐降而销售量剧增时，基年的更换，将改变该产品相对于经济其余部分的重要性。就此例而论，按1972年美元计算时出现的1000亿美元增加额，随着更换为按1982年美元计算，消失了。[①] 单此一项事实，即在诸如基年的

---

①　按时价，计算计算机相对于经济其余部分或资本货物其余部分的价值，是一个简单问题。但是，如对计算机采用压低了的价格，你如何计算计算机相对于经济其余部分那压低了的价值的价值呢？经济分析局所用的那种方法得出的结果，依基年而定，结果迥异。产生这种结果，原因在于，如果我们一开始就粗略假设，按美元计，计算机实际产值从1972年至1982年以30%的系数增长。如以1972年为基年，1972年计算机产值数值，当为当年计算机按美元计的实际价值，而1982年的计算机产值数值，将是该数值的30倍。当转用1982年的价格，1982年的数值，就会是1982年计算机的现值（时价）——美元币值，由于连续降价，将是相对低——而1972年数值，将是那个数值的1/30。当重新确定基年有这样一种彻底影响时，可资采用的一种方法，就是把

选择一类的技术问题上，经济增长趋势如此敏感，就充分证明了这一类资本节约所引起的计量上的极大困难。[①]

然而，改变基年所产生的影响，还只是为说明计算机产量改变所做的这些努力引起的问题之一。利用国际商用机器公司的研 138
究，政府经济学家，同计量上传统主义者对创新者的标准两难进行了斗争。政府经济学家此前一直拒绝采用快乐方法来计量资本货物效用的改变。他们的立场曾经是，政府数据无法捕获无成本的质量变化，因而必须把注意力集中在类似商品的价格变动上。[②]不过，就计算机而论，质量变化一直如此剧烈，以至于几乎不可能通过比较过去多年的相似型号来建立价格指数。经济分析局(BEA)的解决办法是，采用了国际商用机器公司编制的快乐指数，这种指数非常近似于比较各种型号这一标准方法。这表明，1972 年至 1984 年计算机年降价 14%——这是一个比标准估计数字保守得多的数字。[③]经济分析局拒绝考虑另一快乐指标，该指标显示了一个高得多的降价率。

两个基期合而为一，算出平均的结果。如果用了此法，由计算机产值的重新估价而得的国民生产总值的 1984 年增值，还会是 500 亿美元上下。

① 在“战后计算机价格演变”(国家经济研究局工作文件 2227 号，1987 年 4 月)中，罗伯特·戈登提出了一种旨在处理这些指数问题的加权方法。该论文的修订版，后收入戴尔。W. 乔根森和拉尔夫。兰多编选，《技术与资本形成》(麻省剑桥：麻省理工学院出版社，1989 年)，第 77－125 页。尽管此法，优于经济分析局所用的各种方法了，可有关计算机相对于经济中其他组成部分的影响所作假设，依然有问题，因为它们系以名义价格，而不是压低的价格为基础的。

② 这种方法，称为匹配模型，因为人们是比较不同年份类似的模型的。各种模型匹配不起来时存在的那些无代价实现的质量变化，是常忽略不计的。

③ 对经济分析局的指数的保守主义，戈登表明了同一看法，指出“经济分析局的指数的降低率，好像是貌似有理地缓慢。”他的指数表明，1972－1984 年间，计算机价格年降低率为 21.3%(“战后计算机价格演变”第 43－44 页)。

结果，经济分析局最终使用的价格指数，很可能仅仅计量了计算机能力质量变化的很小一部分。此外，国际商用机器公司的经济学家还依赖价目单，纵令众所周知，打折在计算机工业是盛行的。因为旧产品的打折幅度很可能要比新产品大，因此，国际商用机器公司的计算结果，即使就被比较的型号说，也还是大大低估了降价的幅度。此外，国际商用机器公司的数据，没有包括个人电脑和小型磁盘驱动器在内，这些产品，就被比较的型号说，20 世纪 80 年代降价幅度都是很大的。[1]

139 总之，计算机能力上的资本节约，似乎比政府所采用的每年降价 14%这一数字高得多。不过，主要问题还是在于，计算机价格指数计算方法的差别，和用以把这些指数与更大规模的整个经济联结在一起的加权方法的差别，会对关键经济计量数据产生重要影响。例如，罗伯特·戈登的另一种计算机价格指数和加权方法，就表明，生产者耐用设备的支出 1973—1979 年间是按 6.5%的年率提高的，这与经济分析局的数据有颇多出入，该数据表明，同期的年增长率为 4.9%。[2] 虽然这一增长幅度，不如按 1972 年美元所计量的大，然而很重要的一点是，就因为对计算机价格变动作了调整，美国的资本支出就比原来的计算高出了几乎三分之一。

即使如此，到 1988 年底，传统主义者对经济分析局有关计算

---

① 根据某种匹配模型，利用取自杂志（“战后计算机价格演变”表 23）的价格数据，按戈登的计算，个人电脑，1982—1986 年间年降价 21.8%。戴维·卡特赖特和斯科特·D. 史密斯撰文，对经济分析局的包括个人电脑的一个价格指数在内的数据，作出另一修正，该文题为“国民生产总值内电脑采购的物价折算指数：修正的和扩展的估计，1983—1988 年间”，载《当前商情概览》，1988 年 11 月，第 22—23 页。

② 据罗伯特·戈登计算，“战后计算机价格演变”，表 22，和《当前商情概览》的数据计算。

机的新价格指数，还是进行了反击。[①] 他们认为，政府的数据夸大了计算机产量的增速，从而高估了20世纪80年代制造业的增长。这些批评者，颇有几点言之有理，[②]但其论点的要旨是，不应该用有关产品效用增加幅度的估计，来代替市场价格，这在一个资本节约非常明显的时期，似乎是极成问题的一个论点。

实际上，就政府改善产出数据努力而言，主要问题是，这些努力仅限于计算机工业本身。类似地缺乏任何有用的历史价格指数的，还有另外多种资本货物工业。[③] 而且就其中的许多种货物说，效能都大为提高，可成本并没有相应增加。迄止现在，尚未作出系统的努力来计量微处理器技术的发展和进步所加速了的资本节约 140
的整个程度。

资本节约数量的一个指标，是实物资本的性质本身的变化。经济分析局在其有关资本投资的数据中，已着手把计算机和办公机器、通信设备、仪器和复印机归于信息处理设备类。这一类，在生产者耐用设备（以现行美元计）购买总额中所占的比重，已由1965年的16.8%，提高为1985年的30.5%。[④] 不过，计算机和办

---

① 劳伦斯·米什尔(Mishel)，“计量失误”，《纽约时报》星期日商业版，1988年11月27日；经济分析局还以“行业别总产值：评新近的批评意见”，对匿名评论家作了回答，载《当前商情概览》，1988年7月，第132—133页。

② 例如，他们指出，政府数据，没有充分考虑计算机部件的进口。他们还质疑商务部有关制造业在总产值中所占份额的数据。就后一点的问题的论述，见弗雷德·布洛克，《修正国家理论：政治与后工业主义论文集》(坦普尔大学出版社，1987年)，第8章。

③ 劳工统计局开始以讨论以前忽略的多种产品，大力提高生产者价格指数的质量。不过，这些新的数列中，有很多，都缺乏任何历史资料，因此，它们无法用以分析过去15年的价格趋势。

④ 按不变美元计，增长势头还要强劲，因为资本节约，在信息处理类，一直是非常迅猛的。

公机器，1985 年在这一信息处理类中仅占 36.4%。然而，这一类的资本货物，几乎都大量使用计算机技术，因此，不费成本的质量变化，是可望很大的。

另外几类信息处理设备中，最重要的一类，是通信设备，包括电话和广播设备。这一类，1985 年价值 359 亿美元，计算机和办公设备，则为 343 亿美元。然而，用以发射电话信号的复杂的交换机，是通信设备中最重要的一类（计占电信设备工业销售额的 33.6%）。[①] 这些交换机过去一直电动机械式的，现在则是电子式的，而且实质上是专用计算机，随着微处理器技术的进步，性能已大为提高。有一种价格指数估计，一台有 6 万条中继线的中央交换机的成本，1974－1982 年间的年下降比率为 10%。[②]

141 信息处理设备节约资本的其他例子，还有很多。就复印机说，施乐 1983 年推出的一种台式复印机，速度为 1959 年推向市场的第一代施乐机的 3 倍、体积为其 1/7，而 1983 年的复印机售价则低得多。[③] 此外，复印和计算机技术已在印刷中发挥越来越重要的作用。随着激光打印机的开发，"台式"出版已成现实。《商业周刊》报道，一家报社若购买一个电子排版系统，得花费 11.7 万美元，但如购买一套苹果机和激光打印机，包括软件在内，成本仅为

---

① 商务部，《电信工业》（华盛顿特区：GPO，1983 年），第 20 页。

② 肯尼思·弗拉姆援引的贝尔科尔（Bellcore）数据，见于"技术进步和成本：计算机对通讯"，见罗伯特·W. 克兰德尔和肯尼思·弗拉姆编辑，《改变的规则：技术变革，国际竞争，和通讯的调控》（华盛顿特区：布鲁金斯学会，1989 年），第 13－61 页，尤其是第42－43 页和附录 B－2，第 405 页。

③ 技术评价办公室，《美国办公室的自动化，1985－2000 年间》（华盛顿特区：GPO，1985 年），第 324 页。

4.3 万美元。[①] 还有一个重要创新领域，是医疗器械，在此领域，计算机化已使现有产品廉价化和开发全新产品成为可能了。

此外，资本节约过程，并非仅限于资本的信息处理部分；新技术的采用，已对生产者耐用设备的第二个重要部分，即工业设备产生了重要影响。计算机技术已经渗透到多种工业资本货物，这对这些货物的成本与效能的关系产生了广泛影响。这些趋势，在金属加工设备上显而易见，这类设备 1980 年约占全部生产者耐用设备的 7%。

金属加工用的机床，已发生过几次重大变化。数控机床，即安装有能够逻辑地处理规定程序的控制系统的机床，是 1959 年首次采用的。[②] 整个 60 年代，它们的普及还是相对缓慢，但 70 年代向 142
数字控制的转变加速了。还是在 70 年代，越来越大比例的数控机床包含了计算机控制；这不仅提供了运行程序的能力，而且提供了编写或改写程序的能力。一项研究报道说，展现于大型国际展览会的所有数控机床中，计算机数字控制机床所占比重，由 1970 年的不足 10%，提高到了 1977 年的 75%以上。[③] 因此，到 80 年代，实际上所有新的数控机床，都可归类为计算机数字控制机床了。最后，计算机数字控制机床组合成了柔性制造系统，这种系统由一台中央计算机控制，零部件可以从一台机器自动转移至另一台机

---

① “在新闻图形显示中，苹果的 Mac 机登头版”《商业周刊》，1987 年 1 月 19 日，第 87 页。

② 这个定义，援引自 D.科汉编选，《计算机辅助制造：计算机集成制造的发展》(纽约：斯普林格－韦尔拉格(Verloga)，1986 年)，第 8 页。至于数字控制的历史，见戴维·F.诺布尔，《生产力：工业自动化的社会史》(纽约：克诺夫出版社，1984 年)。

③ 阿恩特·佐尔格等，《制造业中的微电子学与劳动力：英国和西德计算机数字控制的应用》(英国奥尔德肖特：高尔(Gower)出版社，1983 年)，第 20 页。

器。

几乎还没有人尝试着提供系统性的数据来比较这些不同技术的效能，这是因为作这种比较在很大程度上取决于组织背景和生产什么。[①] 不过，还是有大量信息表明，有可观的资本节约。70年代初一项美国数控机床性能调查，要求管理人员对数控机床与传统机床的性能作一比较。就大多数类别的数控机床来说，一般的回答都是，实际加工一个零部件的时间减少了一半。[②] 此外，此项研究还报告，数控机床在调试、劳动监督以及处理废品和返工成本等方面，都节约了大量时间。试图评价不同机床生产率的一项近些时候的研究表明，平均计算，计算机数控机床的生产率为传统机
143 床的2.6倍。[③] 另一来源认为，一个计算机数字控制（CNC）加工中心，可取代3台传统机床。[④]

此外，该领域的杂志也有许多报道，谈及类似数量级的效率提高。例如，《生产工程》(*Production Engineering*)报道说，计算机数字控制车工机械，比转塔式六角车床快3－4倍，比机动车床快

---

① 不过，比较几代机床工效的系统数据，使人怀疑管理人员制定投资决策时所用标准的合理性。他们如果没有有关不同机床相对工效可利用的数据源，他们如何极大化其投资的效果？戴维·诺布尔表明这一看法："实际上，与任何经济模型相比，这种做法都不令人满意得多，这样的【资本投资】决策，多半基于直觉、信赖、自负、爱好和一揽子交易等。有错过的经济信息，无论多少，还是不清楚和受到怀疑"（《生产力》，第217页）。

② 威尔伯特·斯特菲(Steffy)、唐纳德·N.史密斯和唐纳德·苏特，《证明资本采购合算的经济准则》（安妮·阿伯：《科学技术研究所工业发展室》，1973年），第26页。

③ 劳伦斯·哈克迈克和比奥特丽斯·哈克迈克，《机床更替的计算机化系统分析指南》（伊利诺伊州迪卡尔布：出版者不详，1985年）。

④ 阿瑟·弗朗西斯，《起作用的新技术》（牛津：克拉伦登出版社，1986年），第32页。

5—8 倍。[1] 另一文章报道，采用新的计算机化冲压机，生产率提高100%—200%并不罕见。[2] 还有一篇报道指出，一台自动焊接机，可提高焊接作业生产率两三倍，“而资本投入成本则保持一般水平。”[3]几代新的机床，已能利用切削刀具所用材料的重大进步[4] 1974 年，采用有陶瓷涂层的刀片，能使切削速度在不缩短刀具使用寿命的情况下提高 100%－200%。[5] 总而言之，机床效能的提高是如此之大，一项政府报告已提到，机床性能的提高是机床工业产量增长缓慢的一个原因。[6]

机床不仅显然越来越高效了，而且传统机床与计算机数控机床之间的成本差异也大为缩小了。“尽管数控机床一向比传统机床昂贵一些，可现在其价格越来越便宜了，”阿恩特·佐尔格等人 144
1983 年写道。[7] 原因在于，计算机控制成本，随着计算机能力廉价化而锐减了。因此，即令数控机床在其控制性能上的先进性大增，作为该系统总价值的一部分，控制成本还是从 1970 年的 32%减为 1978 年的 17.1%了。[8]

---

① 第 27 卷第 9 期(1980 年 9 月)，第 43 页。

② 同上，第 59 页。

③ 同上，第 91 页。

④ 正如佐尔格等所写：“计算机数字控制机床还以机器建造，传动和机床高度改进为特色，并使快得多切削成为可能。这未必为计算机数字控制的一个必然结果，但数字控制和计算机数字控制，必须使如此高速的切削过程处于受控之下”(《微电子学与劳动力》，第 80 页)。总之，切削技术的进步，已经独立于微电子学，但它们，只有在计算机控制环境下，才有用。

⑤ 同上，第 75 页。

⑥ 劳工统计局，《4 种工业中的技术与劳动》2104 号公告(华盛顿特区：GPO，1982 年)，第 26 页。

⑦ 佐尔格等，《微电子与劳动力》，第 20 页。

⑧ 同上，第 21 页。

虽然柔性制造系统现在仍然极其昂贵，但它们仍能节约大量资本，因为在增加产量，减少劳动投入和提高质量的同时，它们可以大大减少所需机床台数。与单独使用的数控机床相比，西德的柔性制造系统减少所需的机床数目52.6%，减少大致相同的生产时间，而且削减资本投入成本10%。[1]

最后，新技术正在对资本投入的另一关键项目——建筑支出——产生影响。工厂自动化与管理存货和缩短生产的订货交货间隔时间所作努力相结合，减少了厂房所需的实际空间数量。节约的空间，可以是相当可观的，因为多用途计算机化机床占用的空间，要比生产同一产品所需的标准机床，占用的空间少多了。国际商用机器公司设在北卡罗来纳州罗利的一家工厂，把生产所需空间从5.1万平方英尺减少到9000平方英尺，西屋电气公司设在宾夕法尼亚州西米夫林的一家工厂，占地面积从12.5万平方英尺削减为5.2万平方英尺。[2] 拉姆钱德兰·贾库马尔（Ramchandran Jaikumar）报道说，采用柔性制造系统的一家日本工厂，占地面积从1.65万平方米降到了6600平方米。[3] 总之，呈现的趋势是，制造企业都在缩小其生产设施的规模，大大节省了建筑成本。

这一系列例子还可以继续列举下去，但基本一点已经清楚，那
145 就是，计算机化已经促成了一种实现资本节约的系统过程，这个过程，使有关资本投入的官方数据极其可疑了。虽然这些资本节约

---

① 科汉编选，《CAM》，第37—38页。

② 引自理查德·舍恩伯格，《世界级制造业：付诸应用的简单性的教训》（纽约：自由出版社，1986年），第231—232页。

③ 贾伊库马尔，“后工业制造业”，第73页。采用柔性制造系统导致空间节约的类似数据，见科汉编选，《CAM》，第47页。

是先于微处理器的出现而发生的,[①]然而70年代初以来,是一直在加速的。不过,还是没有适当方法,可用以计量这些资本节约的程度。正如商务部在重新估计计算机工业的价值时遇到的问题所示,即便讨论的是相当标准化的产品,计量问题也是难以克服的。而且资本货物部门是由许许多多不同产品构成的,其中有的是独一无二的。

撇开计量上的技术难题不说,还有理论上的原因使人迄今没有作出尝试,把资本的这些质量提高转变为美元价值。资本质量的提高,大都取决于利用技术的组织环境。即令计算机化后某种机器的计算能力剧增了,而若企业没有软件和人员利用该能力的话,也还会是毫无意义的。一种方法假定产量的增加是设备自身内在的,这种方法会使人们忽视组织因素的关键作用。还有,尝试开发出计量资本节约的美元尺度,会对应该如何解释资本节约这种现象本身这个关键问题,避而不答。不花费成本的质量变化,来源于科学技术的突破,以及使这些突破得以融入具体产品的组织原动力。总而言之,资本节约之源,不在实物资本支出,而在诸如研究活动的效能和企业的灵活性等组织变量。但若采取的方法是调整资本支出以期反映质量变化的话,那就无异于否定这些组织变量的不同寻常的重要性。

可资采用的一种方法,是把资本节约仅仅看成另一个迹象,说明组织变量已经成为决定经济生产能力的关键因素。正是组织因素导致了研究与开发取得成功和突破,从而使资本节约成为可能,也

---

① 罗伯特·J.戈登,"资本货物价格指数中的计量偏差",载《收入与财富评论》第17卷(1971年6月),第121—174页。

146 正是组织因素决定了更为先进的资本货物的新增能力是否会实现。

总而言之,系统的、大规模的资本节约的到来,是一种新型的后工业经济正在出现的最明显证据,在这种经济中,旧有规则不再适用,价值来源在传统生产要素之外。只是围绕计量经济产出的现行分析框架打转转,已于事无补了。相反,必须清醒地认识到,隐含于该框架中的那些假设,不再足以理解价值是如何产生的了。

企业会计

评价资本投资时遇到的问题,也存在于企业层面的现行会计方法上。当企业考虑对以计算机为基础的技术——办公自动化或工厂自动化——进行巨额投资时,它们遇到了两个相互交织的难题。首先,标准的会计方法常难以证明新技术投资有道理;即令有资本节约,产量的增加,也常常并没有证明这种支出就合理。其次,这种标准会计方法还往往低估自动化过程的组织成本,常认为实物资本为唯一重要的支出。之所以存在这两个问题,都是由于人们不明白,这些新技术从性质上说是有别于以前的技术的。

现行会计方法之所以挫伤新技术投资积极性,主要原因之一是,这种方法是美国公司投资期短的产物。常有人指出,由于公司资金来源首推股票市场,因此,即期报酬率,是美国公司管理人员所全面关注的。一心想在当季就产生丰硕成果这一点,抑制了着眼于加强企业长期实力的支出。① 正如一位观察家所写的,"当企

① 例如,见罗伯特·U.艾尔斯,《下一次工业革命》(麻省剑桥:巴林杰,1984年),第238—243页。

业放弃对长期的信息和生产性资本的投资，从而使其经济财富减 147
少时，现行财务会计制度却发出信号显示会计利润在短期内有所增加，"于是，就存在着某种基本的会计悖论了。[①] 这种倾向性转变成了这样的要求，就是任何一项新的资本投入都至少要在两年内就盈利。[②]

使情况更糟糕的是，传统会计惯例既忽略间接成本和越来越重要的组织变量，又片面专一地注重直接人工成本和总产值。因而，一笔自动化技术投资的正当理由，与其说常取决于增加产出或减少直接劳动成本，还不如说取决于其对提高产品质量，减少原材料存货和浪费，增加组织灵活性的增大和缩短产品进入市场的间隔时间作出的贡献。即使有管理人员强烈感到，这些改善对企业的盈利能力会有积极影响，但在现行会计框架内，是难以证明的。企业常缺乏有关这些变量的正确信息，而且这些变量又不易转化为以货币表示的数据，因此，就难以将其列入有关自动化效益的计算之中了。[③]

---

① 罗伯特·S. 卡普兰，"会计滞后：成本会计制度的过时"，收入金·B. 克拉克，罗伯特·H. 海斯，和克里斯托弗·洛伦茨编选，《不稳定的联盟：管理生产率一技术的窘境》(波士顿：哈佛商学院出版社，1985 年)，第 195－226 页。见第 200 页。

② 有一项研究，描述日本采用柔性制造系统在头 2 年，首期 1800 万美元投资赢利何至于仅 690 万美元。"采用传统会计原则，这一投资盈利率级别，不是不可能，也是难以证明使用传统经济理由的传统作法有理的。"不过，在此例中，企业最终还是能把员工从 215 人减为 12 人的，空间需要量从 10. 3 万平方英尺减为 3 万平方英尺，如此等等。见约翰·艾雷和克利福德·杨，"经济理由——计算战略利益"，见 K. 拉思米尔(Rathmill)编辑，《柔性制造系统第二次国际会议公报》(英国贝德福德：IFS 出版社，1983 年)，第 549－554 页。另见唐纳德·格温，"创新，微电子和制造技术"，见马尔科姆·沃纳编辑，《微处理机、劳动力和社会：比较跨国研究》(纽约：圣马丁出版社，1984 年)，第 66－83 页。

③ 罗伯特·S. 卡普兰，"昨天的会计逐渐毁了生产"，《哈佛商业评论》第 64 卷第

148 然而，在这些计量上有明显出入的领域，柔性自动化的潜在利益，毫无疑问还是很大的。例如，数控机床的很大优势就是，它们使得实现精确度大得多的容差，容易多了。就连 70 年代初的密执安调查也发现，以具体类别的机床为转移，企业能削减 32％至 44％的零部件检验时间，而且其后的进步，还使生产的精确度提高了。精确度的这一提高，直接提高了最终产品的质量。类似地，这些新技术，在缩短订货与交货的间隔时间上，也是极其重要的，结果是，企业能够削减存货，因而，生产与需求更相一致了。①

就白领环境说，办公自动化，也可凭借使企业对客户需要远为灵敏，促成质量的提高。例如，在银行业，自动取款机以及通过电话办理银行业务，可使服务更为方便，且为其他交易减少等待时间。同时，计算机化，还使银行能大大增加它们提供的金融工具的种类。在很多服务行业，员工与客户打交道，从计算机上查询相关信息和作出纠正的能力，可以大大增进与客户的关系。

此外，无论办公自动化，还是工厂自动化，都能使工人和管理人员承担起全新的职责来。例如，就工厂自动化说，生产自动化，可使蓝领工人负责维持与供货商的日常关系，以适时交货。这些利益中，有的能预知，有的不能；在被调动起积极性的员工能利用越来越多信息的环境下，这些利益就会出现。总之，哪怕是想略知

二期（1986 年 3—4 月），第 87—93 页，和“会计滞后”，斯蒂芬·亨特，“成本理由：经常费用的困境”（递交机器人 9 大会的论文，1985 年 6 月 2—6 日，可通过国家机床创建者联合会）。

① 在有关柔性制造系统使用的报告中：“当前的在产品价值不少于 6 亿美元，公司可望削减此数至 3 亿美元，从而得以每年减少付息 3000 万美元。节约如此显著，公司有望以一年的在制品所得节约，支付每一个柔性制造系统”（约翰）哈特利，《起作用的柔性制造系统》[英国贝德福德：IFS 出版社，1984 年]，第 156 页。

可随自动化而来的利益，那也得对某种重组的生产过程会如何运转有一点眼力的。管理人员坚持就是要依据需极小化的成本看待 149
工人时，他们会对能随自动化而来的利益作出合理评价，就很令人怀疑了。

但若由于核算不确，因而不作出潜在有利的资本支出的话，那由于同样的原因也会作出很值得怀疑的投资。在某项新技术主要由于其可能降低直接人工成本而出售给管理人员时，最有可能发生这种情况。出售这样的技术时，卖方常常允诺，除了使企业少依赖熟练工人外，没有必要作重大调整，它们即可纳入现行组织结构。如前所述，这种吸引力，对于数控机床的市场营销来说，具关键意义；管理人员常得到允诺，即它们能提高产量，而又无须配备高度熟练而又常桀骜不驯的机械师。[①] 这样的允诺与对完美无缺的机器的梦想（此系管理人员与工业工程师共同的梦想）紧密地结合在了一起。[②] 完美无缺的机器是这样一种机器，它工作得如此精妙绝伦，人类劳动以及管理人员的一应问题，都不复存在了。

但实际上，根本就没有尽善尽美的机器，而激发那种幻想的人所作的允诺也很少实现。在现实世界，复杂的技术有时会出问题，而且是出乎意料地就出问题了，因此，总得有人来维护、监测和改善这些复杂系统。[③] 此外，正如前一章所指出的，办公室和工厂背景下的先进技术的总趋势，是在提高技术水平。虽说降低技术水平以降低人工成本，似是经济上说得通，可结果，常常远非最优地利用了新技术的潜力。正如贾伊库马尔（Jaikumar）观察了日本利

① 诺布尔，《生产力》，第 217－219 页。

② 希尔霍恩，《超越机械化》，第 57－58 页。

③ 同上，第 61－109 页。

用柔性制造系统的情况后指出的，实现新技术的充分潜力，需彻底改造大大提高技术水平的生产过程。[①]

150 这里，变得最重要的，再一次是产品质量以及存货和浪费的管理一类常常计量有误的变量。某项自动设备，固然能使产量大增，但又使劳动力的技能荒废，结果，则是付出产品质量降低，或是剔除次品所致原材料浪费加重的代价。就办公自动化说，则可能是自动记账系统的误差率上升，需作出大量组织努力，以改正这些错误。

尽管新技术的卖主，显然会故意不说有可能出现的设备运转中断的情况，并且少说一项新的资本设备要让买主承受的追加支出，但现实是，这些隐蔽的支出可能比机器的成本还要大。例如，新近一项有关办公自动化的分析，已设法就给管理人员和专业人员配备个人计算机智能终端的首年成本，算出符合实际的数据。[②]这一算，头年总成本 1 万美元中，只有 1/4 左右可溯及硬件自身。另一 1/4，则由软件和其他服务，如使智能终端高效运转所必需的通信等组成。预算的另一半，则由各项组织成本构成，包括员工使用该技术的培训费、辅助人员薪金和创办费用，尤其是员工在奋力掌握新技术时例行服务的损失等。

这一具体分析集中于专业人员和管理人员，当自动化影响到文秘人员或蓝领工人时，情况也没有什么不同。即令是朝使文字处理器进入办公背景跨出相对小的一步，也需付出软件、人员培训、辅助人员和相当长的创办期的成本。配置文秘工作自动化的

① 贾伊库马“后工业制造业”。

② 巴罗·施特拉斯曼，《信息回报：电子时代的工作改造》(纽约：自由出版社，1985 年)，第 82—83 页。

更精密系统，往往还要付出更大的组织成本。

就工厂说，硬件成本，只是向计算机或机器人数控机床过渡总成本的一小部分。例如，史蒂文·M. 米勒认为，在机器人对机器 151
装卸的应用中，基本的机器人在总成本中所占比重，少到 20%—30%。[①] 还有相当多的证据表明，要使高技术工厂或复杂的计算机化系统投产，会遇到许多困难。即令有了高效管理，也还得一年以上，才做得到让人人学会足以保障工厂满负荷运转的本领。[②] 这种延长了的创办期，使与新投资有关的总的组织成本，大为增加。

毫无疑问，若是这些相关成本都是预知的话，对自动化技术的一些投资，也就无法证明是有道理的了。管理人员若以为可以从技术上迅速解决，就很容易成为卖主夸大其词的牺牲品，所购买的资本货物带来的组织成本和其他成本，会高得足以抵消它能带来的任何效益。一个明显例子，就是投资决策中对软件兼容性等问题注意不够，因而开发新软件的成本抵消了新硬件可能带来的效益。

核心问题在于，同传统的会计方法相比，有关自动化技术的投

---

① 米勒，"工业机器人和柔性制造系统"，收入巴罗·R. 克莱因德费尔（Kleindorfer）编辑，《制造业生产率和技术管理》（纽约：Plenum，1985 年），第 18 页。

② 约翰·B. 埃特莱，"制造业创新的补充战略"，收入万纳编辑，《微处理机》，第 31—48 页；罗伯特·H. 海斯，斯蒂芬·C. 惠尔赖特，和金·B. 克拉克，《有活力的制造业：创造学习型组织》（纽约：自由出版社，1988 年），171—173 页。就办公室环境说，参看詹姆斯·N. 丹齐格和肯尼思·L. 克雷默，《人与计算机：计算对组织中的最终用户的影响》（纽约：哥伦比亚大学出版社，1986 年），第 110—122 页。此外，计算机为基础的系统的灾难性经验，在商业报章杂志常有报道。"为时已晚，成本很大，不称职——但还是试着解雇计算机系统，"《商业周刊》，1988 年 11 月 7 日，第 164—165 页；"服务业发现计算机并不总是提高生产率，"《华尔街日报》，1988 年 4 月 19 日。

资决策，既需要对效益，又需要对成本有更广泛的了解。再者，这种计算因下列事实而更加复杂化了，那就是有一些最重要的变量，例如，更大的组织灵活性，创办成本的大小，要么是不易量化的，要么是极难作出精确预测的。总而言之，既然各项组织假设——不
152 论是有意识还是无意识作出的——在估计新技术投资的成本和效益时都起着关键作用，因此，这类决策具有极大的不确定性。

结　论

本章的论点是，把资本看成可以用美元准确计量的一种东西，是越来越成问题了。这种观点，既使无处不在的资本节约难以理解，又使实物资本得以动用的组织环境与日俱增的重要性变得模糊不清。尤其是，这种观点，转移了人们对下面事实的注意力，即生产的效率和数量，都越来越取决于组织变量，即把人与技术结为一体的具体方法。依据传统的资本概念，很难理解人及其相互关系网络是社会的主要生产力。

很多当代经济学家的阐述，都承认在使用这个传统资本概念时遇到了一些困难，而且已为克服这些困难做了很多难能可贵的工作。不过，可以不夸张地说，有关经济政策的公开争论，现在还在所谓静脉注射式的资本投入模型支配之下。在这里，资本被看成注入经济静脉、维持生命的物质。资本的流动如果太慢了，那就会使经济疲软，导致缓慢增长和形成通货膨胀压力。资本的流动一加快，随着增长和生产率加速提高，经济就健康起来了。

这个静脉注射式模型，商业利益集团还在作为争取降低公司税和加大对资本投入奖励的一种方法，继续予以援引。提高富人

利润税率和所得税率，被认为会减缓资本流入经济，相反的政策，则被认为会加快资本流入经济，从而促成经济健康状况得到改善。

不过，这一静脉注入式资本模型，不仅是资本家的一种有用的游说工具；它还是为现行政治经济学的一些最基本特征做辩护的借口。有利润稳定而且强劲地流入资本持有人手中，是补偿他们因先行投资而牺牲当前消费的意愿所必不可少的。这一必要性，153
证明美国收入和财富悬殊是正当的，而且提供了反对再分配税收政策的一个强有力的理由。

同一逻辑，还促成了相对于私人投资而言公共支出重要性的降低。既然要提高公共部门支出，通常就非增税不可，而且那些税很有可能落在财富持有者头上，因此，常有人断言，公共部门的支出原本就是浪费的。这种看法帮助掩盖了这样一种现实，即在当代经济中，实物资本和诸如教育、培训、研究和卫生等领域的公共部门支出，是经济有效运转所不可或缺的。

这一静脉注射式模型，还可以为授予股东最终权力的等级制公司结构做辩护。该理论认为，既然资本持有人愿意冒丧失某个企业的财富的风险，那就必须使他们全体享有对该企业的无可争议的控制权。[①] 没有这样一种控制权，他们的资本获得合适补偿一事，就会无从谈起。使企业的员工在企业的管理上有正式发言权——即除其作为股东可能发挥的作用以外——的任何步骤，通常会受到抵制，认为这会妨碍股东的特权和资本市场的运转。

这种静脉注射式资本模型站不住脚这一事实，可用以削弱为

① 诚然，股东至上常为谎言而已，因为权利有保障的管理部门，具有股东所缺乏的组织资源。参看爱德华·S. 赫尔曼，《公司管理，公司权利》(纽约：剑桥大学出版社，1981年)。不过，近年的接管热已经表明，控制大部分股份的，也就控制了公司。

现行制度安排做辩护的上述几个理由。无处不在的资本节约意味着，没有必要动员比以往更多的资金用于实物资本投资。事实上，有理由认为，这些投资需要中，现在多半可由很多人的退休储蓄，而不是由少数人累积的财富予以满足。同时，组织因素日益增加的重要性还意味着，投资的数额已不如如何投资重要了。这驳倒了授予股东而非员工以特权的理由；把员工看成是企业的关键利益攸关方，是更为明智的做法。

154 类似的结论也可以得自企业会计遇到的困难，企业在评估对先进技术的新投资时都会遭遇这些困难。前面已经论证了，对于新技术，企业很容易不是投资不足，就是投资过度，因为管理人员很容易猜错关键变量的分量，尤其是最受劳动力态度影响的那些变量的分量。正因为有这些复杂性，赞成对投资决策施行排他性管理控制的传统理由，失去了其说服力。既然员工与新的资本投入成败攸关，因此，如果吸收员工参与决策的话，企业的决策就可以得到改善。① 投资决策民主化有可能增加企业的理性，因为扩大参与决策的人数，就减少了忽视相关变量的可能性。再者，一旦员工从一开始就参与有关新技术的决策，他们就不会把新技术视为一种威胁了。这就增加了充分发挥新技术潜力的可能性。②

总之，替代静脉注射式资本模型的，是这样一个看法，即承认企业的人力资源在决定一个企业的效能上的中心地位。这一认识又证明，把相对于员工利益的投资者利益的传统特权倒个个儿，是

① 海斯，惠尔赖特，和克拉克讨论了组织基础层级的对投资决策的大量投入的利益（《有活力的制造业》，第87，94—95页）。

② 这个见解，在商业报章不时出现；参看“管理层发现自动化的人性的一面”，《商业周刊》，1986年9月29日，第70—77页。

正确的;同时表明,应转变公司形式,赋予企业员工以更多的权利和职责。

155

第六章　产出

近年来，美国历届总统大选，都集中在与 4 年或 8 年前相比，选民境况是否好一些这个问题上。这种比较，尽管可以设想可就多种不同的要素展开，但在实际辩论中，人们全神贯注的，却只是一个问题，就是上一次大选以来，一个人或一个家庭的实际收入发生了什么变化。① 政治的一个广泛而经典的主题——现行体制在人民福利方面的效能——现在已经转变并缩减成有关收入变化的一个问题。

这一缩减，与人们对经济产出的看法的改变紧密相关。20 世纪 30 年代和 40 年代国民收入核算方法的创建，意味着经济产出不再是一个模糊的、漫无边际的概念；它可以用国民生产总值这一概念加以精确计量。② 当政府每个季度都提出有关国民生产总值最新变化的备受重视的报告时，还争论经济产出的性质似乎是不必要的。

不过，本章提出的论点却是，国民生产总值已经变成计量经济产出的一种越来越成问题的尺度，这种数据已经变成有关经济运

---

① 1988 年的共和党演说，倾向于把注意力集中在家庭收入的趋势上，民主党则强调个人收入的趋势，因为前者显示提高，而后者显示下降。

② 在这里，是用国民生产总值，总括包括国民生产净值和国民收入在内的一类相关计量尺度的。

行情况好坏的一个不可靠的信息来源。这个论点分三节详尽阐 156
述。第一节谈已被排除在国民生产总值这一计量尺度之外的经济产出的若干方面，并指出，其中一些因素近年来的变化，会压倒所计量出的产出的变化。第二节集中谈国民生产总值这一计量尺度固有的问题。所持论点是，由于方法和理论上的原因，国民生产总值已成为衡量经济产出的一般趋势的越来越不精确的一个指标。最后一节考察另一组因素，它们导致了计量出来的国民生产总值的趋势，与民众对经济福利变化的感受之间的差距。

批判国民生产总值这一概念的目的，是重开有关经济产出的性质和目的的古老争论。① 一味信赖国民生产总值，把这一数据当作计量经济产出的尺度，会使人们很难对生产什么以及应该生产什么提出一系列重要问题。

国民生产总值计量什么

国民生产总值并非计量全体人民福利的一种尺度，这在经济学家中是一种老生常谈。② 它之所以不可能成为这种尺度，是因为它缺乏分配的维度；国民生产总值的某种水平，既可以与某种极

---

① 这些争论中，有的并不很古老，但在20世纪80年代，它们看起来就已给忘记了。作为对60年代和70年代社会运动作出的反应，有的主流经济学家详尽阐述了对国民生产总值这一概念的批评。所引起的争论，米尔顿·莫斯编辑的《经济和社会绩效衡量》(纽约：国家经济研究局，1973年)，作了系统反映。蒂伯尔·希托夫斯基的重要著作《令人沮丧的经济：人类满意与消费者不满意探究》(纽约：牛津大学出版社，1976年)，是同一时期的成果。

② 有关经济产值未计量各方面的这一讨论，大量援引了希托夫斯基《令人沮丧的经济》一书中的论点。

其均等的收入分配联系在一起，也可以与某种极其不均等的收入分配联系在一起。此外，全体人民福利中的其他许多要素，如环境质量和预期寿命等，都是被排除在国民生产总值数据之外的。国民生产总值计量尺度的辩护者则认为，国民生产总值尽管并不计量福利，可就随着时间的推移实现的经济增长率来说，它终究还是可以利用的最好指标。虽然此说在争论中占了上风，而且促成了国民生产总值报告的备受重视，可它还是迫切需要给以重新评价。

157 从一开始起，国民生产总值这个概念，就是与市场交易紧紧连在一起的；该概念，一直用以计量市场上销售的最终产品的价值。[①] 理由是市场价格为所购商品和服务的价值的明显指标，而且由此得出，计量总产值的尺度，应与那些市场价格尽可能紧密地联系在一起。[②] 例如，就广播（设计国民生产总值计量标准时，还

① 最终货物与中间货物的区别，常有问题，因为这常需有何谓目的、何谓达到目的的手段这样一种判断。西蒙·库兹涅茨曾经指出，国民生产总值中，有并非微不足道的一部分代表着现代性的成本，即实系中间货物而当成最终货物看待的项目。“流向个人和家庭的所有商品，真的就都代表了最终产品，即作为消费者的消费者满意的来源这个意义上的最终产品吗？如果一个人必须乘有轨电车和公共汽车上班，购买银行服务是因为他是一种货币经济的一个成员，缴纳工会会费，住在城市——不是为了任何个人满意，而是作为一种谋生条件——这些服务应该算作他从这种经济制度得到的一种正收益吗？”（《经济变革：商业周期，国民收入，和经济增长文选》［纽约：诺顿出版公司，1953 年］，第 195 页）。

② 国民生产总值会计制度的部分逻辑是，它计量生产，不计量消费。然而，这一分析上的选择，是极成问题的，因为经济学坚持认为，商品和服务，是生产以满足消费者需要的。因此，生产指数与消费指数的区别，就常难予以证实。有关这一问题，参看威廉·D. 诺德豪斯和詹姆斯·托宾所写的“增长过时了吗？”收入莫斯编辑的《经济与社会绩效的计量》，第 508－564 页；米尔顿·莫斯，“生产率计量的福利方面”，递交检查生产率统计资料专题小组讨论会，收入《生产率计量和解释》（华盛顿特区：国家科学院，1979 年），第 276－308 页；罗伯特·艾斯纳，“国民收入和国民产值展期账户”，载《经济文献杂志》，第 26 卷（1988 年 12 月），第 1611－1684 页。

是以无线电广播为主)而言,当时没有明确的方法来评估人们通过电波收听到的节目的价值。因此,决定把广播当作一种中间商品看待,就是把它看成企业为购买广播广告节目的时间而支付的费用的一部分。[①] 在某些情况下,必须摒弃这种强调市场价格的做法,不过这样做,要极为小心谨慎才行。就政府和大多数非营利组 158
织而言,它们所生产的各种服务,根本就没有价格,因此,国民生产总值这个体系的设计师,就决定按照各种投入,即劳动、原料和就非营利组织而言的利息付款的市场价格,计量政府和非营利组织的产值了。解决这个概念上的难题的这种特殊办法,有强化非市场生产原本就是低效率一说的作用,因为政府和非营利组织,原本就无法证明劳动生产率大有提高。只要产值是按投入的劳动的成本加以计量的,那么,劳动的利用效率愈高,记录在案的产值就只会愈低。

不过,只注重市场价格,还有一种更为严重的后果。由于没有市场价格,经济所生产的几大类产值,没有包括在国民生产总值计量尺度之内。其中,有家庭成员的家务劳动、闲暇、工作的非金钱报酬,以及多种经济外部性,如环境或人口健康的好转或恶化等。总起来看,这几个方面的"补偿"[②]似乎会超过所计量的产值。

---

① 鉴于据报道有很高的电视收视率,思考一下选用另一种计量方法的影响是有趣的。例如,依我遇见,可以认为一个人看电视的每个小时值1美元——每小时1美元似乎是合适的,因为那约相当于出租1小时录像带的通行价格。对1975—1976年时间利用上的密执安研究发现,对于普通成年人来说,看电视是主要的活动,平均每周14.32小时(马莎·S.希尔,"时间利用模式",收入F.托马斯·尤斯特和弗兰克·P.斯塔福德编辑,《时间、商品以及福利》[安·阿伯:密执安大学调查研究中心,1985年],第173页)。既然儿童看电视比成年人多,因此,1976年整个人口用同一数字,会导致1490亿的美元价值。

② 这是希托夫斯基《令人沮丧的经济》中的有用术语,第80页。

就其中的某些情况说，同时也是技术创新者的经济学家，已经设法提出推估价值的方法了。然而，无论就其理论基础说，还是就其方法论基础说，这些推估常常都不可靠。两难在于，坚持强调国民生产总值核算中的市场价格，是对经济产值提供了一种断章取义的看法，而给国民生产总值核算增加一系列复杂的推估，又可能使国民收入核算法失去表面的客观性。

以推估方法计算产值，提出了对谁有效用这个问题。在边际主义的分析框架内，已知的事实是，人们各有偏好，因而某一产品的效用，将取决于特定顾客的需要。因此，除了表现于市场的个人偏好之和外，绝无总效用一说。在这种分析框架内，经济分
159 析似乎是客观的；经济估价由经济行为者自行完成。[①] 不过，一旦进行推估，经济学家可就以他们自己的估价取代经济行为者的估价，经济计量的那种表面上的客观性就会受到损害，以致经济估价过程所固有的一切道德判断和政治判断，都很可能成为有争议的问题了。

家庭生产

凯恩斯那句著名的话，即娶女管家为妻的男人使国民生产总值减少，迄今也还十分切中要害，因为国民生产总值不计算家庭成员完成的家务。这包括传统类型的家务劳动，如抚育孩子，打扫和做饭，还有就是住房以及汽车一类耐用消费品的维修保养等无偿劳动。此外，这一类中，还包括各种慈善类、公益类的志愿劳动。

① 客观性这一要求，以个人独特的认识论为依据，按照这种认识论，个人是都看成独立行动的。一旦承认各种偏好都由文化理解和有差别的能力形成，“客观性”，遂可看成是把现存社会结构当成已知事实了。

不过，考虑到过去30年来已婚妇女大量进入劳动力以及家庭生活的相关变化等情况，如今再以过去长期不变的眼光看待这类生产，已是不能接受了。

国民生产总值内不计入家庭生产的一个明显后果是，有的计量所得国民生产总值的增长，并不代表效用的实际增加，而只不过是活动从家庭向市场的一种转移。在早些时期，这意味着以商店烤制的面包取代了家庭烤制的面包；近些时候，这意味着儿童保育从家庭转向了市场，因为越来越多的年轻母亲进入了劳动大军。与此相似，社会中也就是街道和社区中志愿劳动数量的任何减少——这是妇女进入劳动大军比例提高的一个结果——都可能导致根本没有计量到的实际产值的下降。

罗伯特·艾斯纳新近就计量无偿家务劳动的美元价值所作的一项研究估计，1981年，这种劳动价值9810亿美元，而当年国民生产总值的官方数据，是29540亿美元。[①] 不过，即使未计量的国 160
民生产总值等于该官方数据的1/3，这种估计看来也还是过于保守了。首先，这一估计仅限于家务；在住宅和汽车的维修保养或志愿活动上所花费的时间，艾斯纳没有尝试予以计算。[②] 更何况，在这类产值的计算上，还有一个确定合适的小时工资的问题。艾斯

---

① 艾斯纳，"总收入会计制度"，载《当前商情概览》，1985年1月30日。在一项1969年的研究中，I. A-H. 西拉杰丁估计，非市场的工作占家庭货币收入42%到48%（援引自希托夫斯基，《令人沮丧的经济》，第87页）。

② 马莎·S. 希尔认为，1975年，家庭和耐用品上的无偿劳动，创造价值接近600亿美元（"家庭和耐用品时间投资"，见尤斯特和斯塔福德编辑，《时间、商品和福利》，第216－221页）。同一密执安数据库发现，按平均计算，成年人在各种志愿组织一周工作1.67小时；假定成年人为数1.8亿，再假定这种工作平均价值一小时4美元，国民生产总值当再增660亿美元（希尔，"时间利用模式"，同一出处，第172页）。

纳的研究所用的，是支付给家务工人的平均工资，但这是有问题的。家务工人工薪微薄，一定程度上是因为他们从事的劳动，是被社会贬低了的，而且通常是由无偿劳动的妻子完成。评价家务劳动每小时价值的方法可以有多种，而且所得结果会不尽相同，然而不管研究还是估计，家务劳动在国民生产总值中所占比重，总在20%至50%这个范围之内。[①]

确定这一未计入产值的成分相对于整个国民生产总值是增加了还是减少了，这是一个特别棘手的问题。无偿家务劳动总量，似是一直在增加着，因为独立的家庭总数的增长速度，一直比单位家务平均时数的减少要快。同时，家务活动一直在明显地从家庭部门向市场转移，儿童保育和准备饭菜，尤其如此。[②] 对这些趋势的任何评价，最终都不仅取决于总工时，而且取决于这种无偿劳动的生产率和产出的质量。例如，如果家务劳动的技术和各种促进了
161 方便的服务，使父母能把更多的家务时间花在与孩子在一起的“高质量时间”上，那就有理由认为，该部门对总产值的贡献呈上升趋势。

闲　　暇

包含闲暇自身在内的效用，是不计入国民生产总值的另一类。按照经济理论，劳动通常看成是一种负效用；这就是为什么人们有

---

① 安·沙多，“家务计量：某些国际比较”《收入和财富评论》，第31卷，第3期(1985年9月)，第237—253页。

② 也有一种逆倾向：乔纳森·格尔舒尼(Gershuny)所谓自助经济——消费者必须自行生产——的增长。乔纳森·I.格尔舒尼，《工业社会后：新兴的自助经济》(新泽西阿特兰蒂克海兰茨：博爱出版社，1978年)。

报酬才工作的原因。[①] 然而，以市场价值为基础的会计体制却意味着，没有计量闲暇价值的尺度，没有把闲暇视为产出的一个组成部分。因此，按人口平均的劳动量锐减这一事实，就没有反映在国民生产总值的数据内，近年来有偿劳动对成年人生活压力的减小，也是如此。[②] 这还意味着，或许报道说两个社会有相同的国民生产总值，可一个社会是用平均 20 小时的工作周生产出既定产值，另一个则是用 44 小时的工作周生产出既定产值。有一项研究试图赋予经济所生产出来的闲暇以美元价值，该研究估计，1965 年，闲暇的价值是 6269 亿美元，而计量所得的国民生产总值是 6178 亿美元(按 1958 年美元计)。[③] 换句话说，闲暇的价值超过了国民生产总值。

这里，分析者再次面临熟悉的问题了。首先，是这样一个问题，就是为每个小时的闲暇确定合适的美元价值，并估量这种美元价值在不同人口群体中会有怎样的差异。[④] 其次，是把自愿闲暇与非自愿闲暇区分开来这个问题。既然有的经济学家认为，就连官方认定为失业的人都是自己选择了闲暇，而没有选择按现行工资率工作，因此，也就没有作此重要区分的明显标准。例如，某甲因被迫退休而生活陷于悲惨境地，某乙则可以安稳地工作一直到 162

---

① 这一假设的滥用及其引起的问题，见约翰·肯尼斯·加尔布雷思所作讨论，《丰裕社会》(1958 年)，第 2 版(波士顿：霍顿米夫林，1969 年)，第 303—304 页。

② 数据见弗雷德·布洛克，“技术变革与就业：老争论新观点”，*Economia & Lavoro* 第 18 卷，第 3 期(1984 年 7—9 月)，第 3—21 页。

③ 同一研究推测，非市场工作对 1965 年总值的贡献为 2954 亿美元。W. 诺德豪斯和 J. 托宾，“增长过时了吗?”，莫斯编辑《经济和社会绩效计量》，第 509—532 页。

④ 托宾和诺德豪斯似已按平均工资的价格，估计一个小时的闲暇的价值——高于用于睡眠的 7 个小时的价值(出处同上，第 517 页)。另见丹·厄舍在同卷(第 540—545 页)上的评论。

退休，那么，如何避免赋予这两个人的闲暇以相同的美元价值呢？给闲暇估值与给工作的非金钱报酬估值，是紧密联系在一起的。

工作的非金钱报酬

尽管经济学家有视工作为负效用的倾向，然而，人们从工作中还是取得了多种非金钱报酬，例如友谊、有意义和有目的的感觉、动脑筋、社会地位，如此等等。① 随着第四章所述专业人员和管理人员就业人数的增长以及技术水平的提高，也就有理由认为，其中有的非金钱报酬，例如，在职培训和挑战性的工作，近年来一直在增加。不过，显而易见，有些种类的工作提供的非金钱报酬要比另一些工作多。亚当·斯密早就指出，会有一个抵消差别的过程，消除特定种类工作的优势或劣势；按照这一理论，非金钱报酬少的工作，理当提供高一些的金钱补偿。② 然而，几乎没有实据支持这个理论；正相反，提供高水平货币报酬的工作，倒是往往也提供高水平非金钱报酬。③ 忽略产出的这一方面就意味着，两个可以有同等水平的国民生产总值，可实际上在一个国家，大多数工作都令人

---

① 一个职位可能提供的经济保证的价值，下面单说。

② 杰里·A. 雅各布斯和龙尼·J. 斯坦伯格，“补偿性差别和男女工资差距：来自纽约州类似价值研究的证据”（递交东部社会学学会大会的论文，1988 年 3 月），第 1 页。

③ 这一点，是阿瑟·奥肯提出的，《公平与效率：大交易》（华盛顿：布鲁金斯学会，1975 年），第 72 页。克里斯托弗·詹克斯，劳里，和李·雷恩沃特发觉，一个体现各种工作的货币特征与非货币特征的指数，发现为单考察工资得出的不平等的 2.8 倍（“什么是好职业？劳工市场的成功的一种新计量”，《美国社会学杂志》93 卷，第 6 期[1988 年 5 月]，第 1322—1357 页）。另见格雷格·邓肯，“劳工市场歧视和非金钱工作报酬”，收入 F. 托马斯·朱斯特编辑，《经济福利分配》（麻省，剑桥：巴林杰，1977 年），第 355—378 页。

生厌和重复乏味，而在另一个国家，普通人的工作都是那么富有挑战性，且令人兴奋。 163

因有近年来几项研究得出的结论，这个问题的重要性是益发突出了。有一项研究证实，1975 年和 1981 年的调查对象一致说，同包括园艺活动、看电视和体育运动在内的多种闲暇活动相比，他们从事的工作带来的过程效益更多。该研究旨在计量人们参与五花八门的活动所感受到的内心满意程度。“数据……表明，一般说来，得自工作的**内在**报酬要高于得自闲暇的内在报酬，这一结论给传统福利分析带来了相当大的困难。”①此外，F. 托马斯·尤斯特发现，工作的挑战性以及个人运用其技术的能力，是决定他们给工作的过程效益排多高位次的关键因素。类似地，克里斯托弗·詹克斯及其同事也发现，有在职培训机会，是决定调查对象如何评价其工作整体质量的最强有力因素之一。②

这些结论得到了另一些研究的证实，这些研究调查的是人们从事工作以及长时间从事工作的意愿。在被问及即令没有经济需要是否还继续工作下去时，1977 年美国有 84％的男性，77％的女性都作出了肯定的回答。③ 作出这种回答，完全归因于职业道德的力量是难以想象的。此外，蒂博尔·西托夫斯基依据工时历史趋势数据认为，喜爱自己的工作的人，似乎延长了工作时间，而对自己的工作没有好感的人，则缩短了工作时间。④ 他的论点，雪

---

① 朱斯特，“对工作和闲暇的偏好”，见朱斯特和斯塔福德编辑，《时间、商品和福利》，第 340 页。

② 詹克斯等，“何谓好工作?”，第 1339 页。

③ 约瑟夫·韦罗夫，伊丽莎白·杜旺和理查德·A. 库尔卡，《含蓄的美国人：1957 年至 1976 年的自我描述》(纽约：基础图书出版公司，1981 年)，第 295 页。

④ 希托夫斯基，《令人沮丧的经济》，第 98－101 页。

164 莉·史密斯有关工作时间的资料进一步给证实了,有资料表明,年工作时间,是随着受教育水平提高而大大增加的。她发现,研究生毕业的人每年的工作时间,要比仅有中学文凭者平均多8.3%。她还报告说,制造业管理人员的工作时间,比普通汽车工人多19.4%。[①] 最后,詹克斯及其同事在1980年的调查中发现,每周至少工作35小时的调查对象,是工作时数愈多,对其工作评价愈高。[②] 总之,但凡从事非金钱报酬高的工作的人,都往往工作时间较长以获取更多的非金钱报酬。

詹克斯等人的调查还提供了某种暗示,表明工作的这些非金钱报酬相对于经济报酬而言有多么重要。通常员工说,从重复性较小的工作转换到重复性较大的工作,报酬必须增加138%,以作为补偿。换句话说,年薪1万美元的非重复性工作,被认为等于年薪2.38万美元的重复性工作。[③] 詹克斯等人说,这似乎高估了金钱因素与非金钱因素的相对重要性。然而,即令有人对此调查结果不屑一顾,要说工作的非金钱报酬相当于工资和薪金的总收入的一半这么一个数量,这似乎也未必就是信口开河。

更何况,要想评估工作的非金钱报酬和闲暇的总价值,非进行极其复杂的计算不可。工作时间缩短25%,但薪金照旧,这对一个人或许是一份厚礼,而对另一人,则可能为一大损失。此外,即使对同一人说,极大化效用,也未必只需要增加闲暇或增加工作时
165 间而已,而且还要有两者之间的某种复杂而灵活的平衡。

---

① 舍利·J.史密斯,"估计劳动力活动年工时",载《劳动月报》第106卷,第2期(1983年2月),第13—22页。

② 詹克斯等,"何谓好工作?",第1332—1333页。

③ 同上,第1339页。

生产的外部性

产出没有直接计入国民生产总值的另一方面，是经济活动对人类生存各个方面的多重间接影响。其中最显著的，要数环境影响，即空气、水和自然环境其他方面的改善或退化。人们常说，增加污染控制费用，能够提高国民生产总值，然而，初始的污染状况也总不见向下调整。还有，之所以有人认为投资改善环境妨碍生产效率，是因为他们没有把环境质量算作一种合理的经济满意因素。①

20 世纪最后几年间，自然环境退化，已导致巨大经济成本，沿用环境方面的现行做法，将对人类的继续生存构成威胁，这是令人痛苦而又不争的事实。美国各城市，现在都在为清除固体废物这个花费愈来愈大的问题而斗争，而有害废物的随意处置，更是导致了巨额净化成本，而且严重危及很多社区饮用水的质量。使用碳氢氟化物所致臭氧层遭破坏，有可能大大提高全球皮肤癌发生率。由不断利用化石燃料和毁林引起的温室效应，将导致长期干旱，使人感到极端不适，而且随着极地冰盖融化而致沿海地区被淹没。此外，还有生态系统面临的多种威胁，这些威胁，终将对人类产生不利影响，例如，向海洋倾倒废物以及商业捕捞技术对海洋生物的 166
存活造成的后果，如此等等。

计算这几种环境破坏中任何一种的潜在成本，都绝非易

① 有关这一问题的经典讨论之一，是 F. 托马斯・贾斯特，"计量经济和社会绩效的框架"，收入莫斯编选，《经济和社会绩效计量》，第 63－68 页。在同一卷，托宾和诺德豪斯按照城市生活中的缺点论述了外部性。他们把这些外部性，看成约占 1965 年国民生产总值 5%这么一个总产量的一笔减损（"增长过时了吗？"，第 521 页）。

事。① 此外，无法精确确定的关键变量，是地球自身的复原力，即对自然系统的过度利用达到何等程度，就将导致影响人类生存的累积性衰竭？全球气温开始上升前，可容忍产生多少二氧化碳？在可安全食用的鱼的供给开始明显递减前，海洋经得起多大污染？造成如此大代价的种种不确定性，按理说，应该是振聋发聩，应该使人悬崖勒马了。可迄今为止，对不确定性的总的回答，始终是声称成本无所谓，并继续破坏环境。对日益逼近的环境危机漠不关心的国民生产总值数据，进一步证实了这一回答。

这些外部性中，关系密切的一类，是经济对人口健康水平的影响。这里也有环境因素在内，因为各种污染和环境破坏，都对发病率和死亡率有影响。我国大多数大都市区降低了的空气质量，据估计，在身体不适天数、医疗费和预期寿命递减等方面，都造成了巨大成本。② 其他因素，如医学研究投资，不同人口群体享受保健的水平，和饮食效果，也无不如此。然而，问题在于，按现行的国民生产总值计量，两国人均国民生产总值相同，可是甲国的人比乙国的多活 20 年，这在理论上却是可能的。③

---

① 经济学家提出环境价值评价尺度有困难。对已用的各种方法的论述，见霍斯特·西伯特，和阿里亚纳·贝图安·安塔尔，《环境保护政治经济学》（康涅狄格州格林威治：JAI 出版社，1979 年），第 101－108 页。此外，对分析即将发生的灾难，这些方法又尤为成问题。这些研究的述评，详见埃德温·S. 米尔斯，《环境质量经济学》（纽约：诺顿，1978 年。）

② 米尔斯《环境质量经济学》所援引的一项研究，第 157 页，推测 1970 至 1978 年这个时期，由于空气污染减轻，健康状况改善和寿命延长所得年好处，为按 1973 年美元计的一年 161 亿美元这个水平。

③ 人们不会期待这种平等长期不变，因为作为一种生产过程的投入，人口的健康状况有重要经济影响；人们期待健康的劳动力会有高一些的生产率。在一项旨在把美元价值归因于预期寿命提高的研究中，丹·厄舍估计预期寿命变化对 1962 年到 1968 年加拿大增长率的价值，发现如此归因的结果，使年增长率由 2.25%提高到了 2.8%（“预期寿命变化对经济增长的计量”，见莫斯编辑，《经济和社会绩效计量》，第 192－232 页）。

另一相关外部性，是人口的经济保障或者经济无保障状况。两 167
个国家，人均国民生产总值相同，可大多数人的经济保障水平迥然不同，这在理论上也是可能的。在一个国家，面对失业、丧偶或重病，公民因可能陷于贫困而忧心忡忡，而在另一国家，公民享有的保障程度则高得多，因为有政府计划保护他们免遭收入锐减之苦。

例如，詹克斯和其同事发现，失业风险，是一个人在评价其工作时对其影响最强烈的变量之一。他们估计，从高就业保障的工作改行从事低就业保障的工作，收入增加157%，普通工人才能抵补所受的损失。[①] 这里，情况再一次表明，即使对这些研究结果大打折扣，相对于所挣收入的价值，就业保障的价值也还是显得很突出的。更何况，就业保障还只是整个经济保障的一个组成部分而已，因为人们还担心医疗和年老时有无收入等问题。

这里所列举的外部性，很难说就一无遗漏了，因为有多种不同的因素可能对人们的经济幸福感产生影响。例如，可以认为，包括机会主义的违规在内，个人行为中工具主义一旦严重了，这在计量国民生产总值时，就会导致某种使人产生误解的增长，因为保安、会计人员、刑事审判人员和监狱看守等，都不得不多雇一些了。不过，人们如果失信于朋友、同事、邻居，这种经验会意味着，他们从经济中获得的效用实际上是减少了。讽刺这种分析模式很容易，
但问题依然是，现行国民生产总值计量中遗漏了的许多部分，是对 168
决定人们的生活质量极其重要的。

考虑到上述国民生产总值中四个未计入的方面时，产值的增长是快于还是慢于计量所得的国民生产总值，这就成为一个难题

---

① 詹克斯等，“何谓好工作？”，第1339页。

了。最终结果,几乎完全取决于计算时所用的假设,比方说,用以估计家务劳动的价值,或估计一小时闲暇的价值。不过,几乎无论就哪一组假设说,产值的这些成分,都会是大大超过反映于官方国民生产总值数据内所计量的效用的。因此,对人民福利的研究何以未能说明福利改善与国民生产总值提高之间的关联,就易懂多了。[①] 一言以蔽之,国民生产总值所计量的,仅仅是经济所产生的效用的一小部分而已。

国民生产总值数据的计量问题

即使对计入国民生产总值的那几部分产值来说,数据也有严重偏差,由此而带来的一般结果是,低估国民生产总值的增长。国民生产总值数据存在系统偏差的一个领域,即资本节约问题,这前面已详细讨论了。国民生产总值数字,是由供最终使用的所有采购加总而成的,而不论采购者是消费者、企业,还是政府。因此,资本货物和建筑物的购置,都是直接算入国民生产总值总数的。然而,如果技术进步有望大大节约资本,那么,企业和政府采购的资本货物的美元价值,将低估当年所产生的总效用。[②] 当消费品的质量不花费成本而发生变化,以及把质量的提高误解为纯粹的价格上升时,也有类似偏差。

没有计量政府和非营利组织与投入无关的产值,这前面也已

① 希托夫斯基,《令人沮丧的经济》,第 134—145 页。

② 怀疑论者将坚持认为,如果没有系统的资本节约,更有效资本的利用,就将导致经济的其他部门产量的提高。因此,资本与最终产量的比率,应有明显下降。然而,假如经济的很多部门最终产量的计量不妥当,这种下降就不会出现。

提到了。既然作为总就业的一部分,政府和非营利实体一直都在 169
增长,而且一直在吸纳越来越多的投资,事先就排除这些部门产出快于投入增长可能性的一种方法,势必低估社会总产值。

这些偏差,还因有另一种偏差而复杂化了,那就是,国民生产总值中营利的服务业产值计量尺度的缺陷。国民生产总值按不变美元计量产值的方法,最适用于农业、渔业、矿业和制造业——这些产业以稳定的、互不关联的单位生产有形产品。就连在某些制造业部门,生产线会发生不费成本的质量变化和不断进行创新,这种计量方法也是成问题的。然而,1984 年,这些生产商品的产业雇用的人员,仅占国内经济中全日工作雇员总数的 23.4%。总之,绝大部分经济活动,都发生在国民生产总值计量方法很成问题的行业中。[①]

例如,建筑业是生产有形产品的,但缺乏产品标准化这一点,给计量该产业的不变美元计量产值带来了严重问题。20 世纪 70 年代以及 80 年代初,官方数据表明,该产业生产率锐降,但这个问题,出在用以计算不变美元产值的平减指数上。国家科学院的审核生产率统计资料的专题小组 1979 年写道:"虽然独栋住宅和公共道路的支出,按相对适宜的平减指数缩减了,可是建筑业其余部分,有的还是按投入的成本价格指数缩减的,这类指数,是不考虑建筑业生产率变化的工资率和原料成本的一种加权平均数。"[②]然

① 《当前商情概览》,1988 年 7 月,第 81 页。这些计量问题中部分问题的详论,见弗雷德·布洛克,《修正国家理论:政治和后工业主义论文集》(费城:坦普尔大学出版社,1987 年),第 8 章。

② 审核生产率统计资料专题小组,《生产率计量和解释》(华盛顿特区:国家科学院,1979 年),第 91 页。

170 而，人们还是可以就用于独栋住宅的“适宜的平减指数”提出问题。很多新的住宅，都是按买主的要求建造的、具有买主要求的很多特色，而且即使是普通住宅开发中，每年也都增添新的特色，作为基本的一揽子交易的一部分。需要掌握大量数据和新的统计方法，才能对1984年新建住宅与1985年新建住宅作一准确比较，把纯粹涨价与质量变化区别开来。

尽管建筑业与国民生产总值相比，规模较小，但由于上述种种计量上存在的问题导致了表明建筑业生产率在绝对下降的数据，它在分析生产率趋势时却引人注目。有一项分析报告指出，光是建筑业即占据70年代生产率下降成因的17%。①

个人服务，是存在计量问题的另一领域。这些服务，在经济中所占比重很大，除住房外，消费者采购总额中大致44%是服务；由于难以界定明确的单位，难以确定适当的平减指数，在国民生产总值数据中，对大部分服务所作的计量，都是不精确的。例如，医疗服务，1984年占个人消费总额9.7%，但所用的平减指数却是成问题的。医生得到的报酬，是用医生劳务费指数缩减了的，而该指数没有把纯粹通货膨胀所致的涨价和所提供的服务质量的变化区分开来。此外，如果由于医疗技术进步，病人无须住院，只要在门诊就医就能把病治好，这将使国民生产总值的增长率降低，因为病人的医疗费减少了。消费者购买法律和其他专业服务时，也有类似的问题出现。

另一例子，是消费者购买的银行服务。在银行业，由于缺乏任

---

① 莱斯特·瑟罗，“讨论”，见波士顿联邦储备银行，《生产率增长的下降》(波士顿：联邦储备银行，1980年)，第22—25页。

何独立的产值计量尺度，国民生产总值会计师只得假定，其产值的增长与银行业就业总人数增长成正比，故其生产率是假定与 1948 年一样的。这意味着，每年的数据都表明，银行的个人服务生产率是零增长，但其他研究则证实，1970 年代，由于计算机化的大力推进，商业银行业务生产率是按 6％的年率递增的。① 171

个人购买的其他主要服务，如交通服务和餐饮服务，也有类似问题。政府按行业划分的国民生产总值数据表明，就整个交通部门说，当期美元支出从 1973 年的 501 亿美元，提高到了 1983 年的 1149 亿美元。不过，按照不变美元计算，则是从 1973 年的 484 亿美元减为 1983 年的 473 亿美元。② 既然该 10 年期间交通产值下降似是不大可能，因而有充分理由对所用的平减指数表示怀疑。然而，即使如此，计量问题也还是大得惊人。例如，飞机票价一直就是极易波动的，而采用不考虑诸如飞机晚点等质量因素的产值计量方法也有许多问题。按同一逻辑，也应对用以计量餐饮业的不变美元价值——占 1984 年个人消费支出总额 5.3％的一个项目——的方法表示怀疑。

计量上的深层次问题：质量

计量服务产值方面存在的这些问题，大都不是靠增加所搜集的数据的数量和提高其质量就能解决的。这里有深层次的问题，

---

① 《当前商情概览》，1976 年 1 月 22 日，霍斯特·布兰德和约翰·杜克，"商业银行业务生产率：计算机促进进步"，劳工统计局，《劳工统计局生产率读物》(华盛顿特区：政府印刷局，1983 年)，第 58—66 页。

② 这些数据，是从经济分析局提供给我的 1984 年 9 月总产值数据中，推断出来的，涉及各行业。在这个数据数列中的运输的覆盖范围，包括消费者和企业的运输服务。

而这些问题都与发达社会变得更富裕时消费的性质有关。当经济增长之利为大多数人所共享时，个人购买必需品如食品、服装等所需收入的份额，将不断减少。很多人会拥有愈来愈多的可任意支配的收入。

172 可任意支配的收入的这一增长，会产生几种可预测的结果。在购买食品和其他必需品时，人们逐渐把他们的消费转向高档产品。既然收入的增加是有广泛基础的，因此，结果也就是，生产朝这些新的且更好的品级稳步转移了。例如，最低规格的汽车，不再只是给你提供出行方便的一种机器，而是变成能给你带来较多舒适的那类机器了。类似地，买房时，越来越多的消费者渴望住宅具有特色。

人们还在购买多种多样"奢侈"商品或服务方面扩大支出了。其中一些如佳肴、弦乐四重奏音乐会和精美珠宝首饰等的吸引力之所在，恰好就在于它们**并非**大批量生产的。还有，人们旅行时所企盼的，是乘飞机、住饭店旅馆时获得更高层次的舒适感，适应需求的这种转变，服务等级不断提升了。

类似地，人们现在期望在多种不同环境下享受更高层次的舒适感。零售商店经重新设计，铺地毯和安装柔和照明设备了，而且就连中等价位的饭店，也有悬挂植物，配备硬木餐桌的了。期望上的这种转变还意味着，有的雇主提升了其员工的工作环境的质量；有的办公室和其他工作场所，也从更多关注美学和人员舒适的角度，加以设计或另行设计了。

最后，是人们都默认，可以利用部分可支配的收入扩大公共物品的生产，以改善生活质量。医学研究支出，为挽救新生儿的生命和减少癌症死亡人数找到了方法，而这些新生儿，要不然是会夭折的。类似地，某几种社会服务支出，例如，增加老人和残疾人公共支出，之所以得到广泛支持，就因为所有公民都有遭此厄运的危险。

诚然，消费模式的这种提升，已经持续了一段时间。不过，绝大多数人都成为这种可自由支配支出模式的参与者，则还是近年的事。克莱尔·布朗在其所作的20世纪美国消费模式研究中认为，"1950年后，随着食品种类丰富且易制作，包括下馆子吃饭等方面不断取得进步，到1950年，营养标准，劳动者家庭基本都已达到，而且是各阶层都趋同了。"[①]她还证实，大多数劳动者家庭，都 173
是1973年后才拥有自己的住宅的。[②] 最后，她认为，1960至1973年间，四个阶层（白人领薪者、白人挣工资者、白人劳动者和黑人）的"家庭经济保障，随着支出与收入之比下降、个人人身保险费用增加，都显著加强了"。[③] 总之，最贫穷者除外，所有家庭，都只是在过去20年才有了足以开始强调消费的质量方面的可自由支配收入。结果是，质量和很多相关的计量问题的重要性，都提高了。

质量越来越重要这一点，有几个从分析上说不同的方面。首先，为满足更为挑剔的需求，商品和服务的质量不断提高了。从理论上说，这种变化可以计量，但在实践上，这又是极其困难的。计量普通家庭住宅改善这个问题，上文已谈及。而在不同的程度上，随着消费者偏好转向高质量食品，也有类似的计量问题。例

---

① 克莱尔·布朗，"消费定额、工作角色和经济增长，1918—1980年"，收入克莱尔·布朗和约瑟夫·A.佩奇曼编辑，《工作场所的性》（华盛顿特区：布鲁金斯学会，1987年），第40页。

② 同上，第43页。

③ 同上，第45页。

如，很多超市和农产品商店新鲜蔬菜供应激增，又当如何予以计量？

第二个可以分析的方面是，可以预期，一个更加富裕的社会在作选择时，会把质量目标放在数量目标之前。换句话说，社会所作出的决策，会为了达到其他目的而牺牲商品和服务的数量增长。与其他多种产品相比，佳肴的劳动密集度要高得多，然而，当越来越多的人购买制作佳肴的一应俱全的用具时，他们很可能会把更多的可自由支配的收入用在这些劳动密集的奢侈品上。雇用更多人从事这类劳动密集行业的结果，与这些人受雇于资本密集生产领域相比，计量所得的国民生产总值的增长会减缓。如果社会选择把更多的钱花在关怀老弱病残者上，则国民生产总值的变动情况完全同上。在这里，也是把其他价值放在了计量所得的国民生
174 产总值的简单增加之前，因为有关的工人如果是炼钢的话，每小时很容易就生产出更多以美元计的价值来。

使商店和工作场所更舒适这一选择，反映的是同类决策。如果用于铺地毯和引人注意的家具的资源转拨用于采购资本货物了，则生产计入国民生产总值数据的那些货物的经济能力，扩大就能快一些。人们是在以消费能力一定的潜在扩大，换取他们在其他生活领域感受到的更加全面的舒适。这实际上就是一种从住宅向工作场所或市场转移一部分消费，但这种更具集体性的消费，并不作为个人增加了的效用，计入官方数据。①

社会选择中，把其他目标看得比增加产值还重要的最后一个

---

① 事实上，办公室和商店设计的这些经费中，有的依然作为固定资产开支算在内的。不过，它们是产生服务流量——提高了舒适水平——不包括于最终产品计量内的固定资产开支。

因素，是这一决策，就是投入越来越多的资源，以减少不计入国民生产总值的生产负外部性。对这种投资的一种看法，是认为投入这些资源，是旨在实现“无法估价的”结果的。维维安娜·泽利泽就认为，20 世纪初，美国社会，从持有儿童的价值源自他们的工作能力这样一种工具主义的看法，到认为他们的价值在于他们与市场相隔绝，看法根本改变了。在她看来，儿童变成无价的了。[①] 一种相对应的新情况，是资源越来越多地流向老年人，以增进其经济保障和生活改善。类似地，就人的生命无价的性质而言，加大保健和医学研究领域的投资力度也是正确的。按同一逻辑，投资扩大公园建设，保持洁净环境，或保护社会的历史遗迹，也是对无法估价的结果的进一步投资。

消费的这几个各不相同的质量方面，按重要性说，可能因时而 175
异，但似乎完全有理由认为，它们可能促成了计量所得的经济增长的某种报酬递减律。社会一旦日益富裕，它会决定使更多的递增的生产能力专用于达到质量目标。结果，国民生产总值增长减速了。既然美国实际国民生产总值年增长率过去一直是 3%至 4%，因而在计量所得的国民生产总值中，可归因于朝质量转变的年均减少 0.5 个百分点，也就非常大了。然而，关键问题在于，国民生产总值增长率方面这一计量所得的减缓，并不表明效用增长实际减缓了。更何况，如果朝质量目标转变加速了，则可以想象，按历史标准看很低的国民生产总值增长率，有可能掩盖人们幸福的显著改善。

---

① 泽利泽，《给无价的儿童定价：儿童改变着的社会价值》（纽约：基础图书出版公司，1985 年）。但是，是否可给“无价”之宝定价可就是一个激烈争论的问题了。这个问题，与人们要给经济计算设限紧密联系在一起。

计量的深层次问题:生产性消费与消费性生产

朝质量转变的另一方面,对证明单独讨论这个问题有道理这一点,极其重要。这就是支出对增强人的生产能力来说与日俱增的重要性。就国民收入会计制度而言,这带来了一个严重问题,因为按该制度的要求,不是把各种活动都看作投资,就是把它们都看作消费;它们不可能同时既是投资又是消费。在这个方面,会计制度是与经济理论一致的,经济理论就坚持认为,消费与投资严格有别。该区别历来有问题,[1]然而,随着后工业的发展,这一问题不再能持久存在了。

关键在于,用于增强个人能力的很多支出,同时都生产两类不同的效用,即既生产消费品,又增加个人成为生产工人的能力。教
176 育支出是明显的例子,但不是唯一的例子。多种医疗支出,也有这种双重性。就某几类旨在增强人们的安乐感的心理服务和社会服务上的支出而言,也可以这样说,这种支出,可以使他或她作为员工更具生产率。例如,有关毒品或酗酒的咨询和治疗计划,就常产生这种双重作用。很多增强个人身体健康的支出,例如购买锻炼器材,加入保健俱乐部,和参加增氧健身训练班,同样可以这样说。就连旅游的很大一部分支出,说来也不应只看成是消费,还应看成是恢复人的生产能力的一种方法。

这几种生产性消费,在国民生产总值中所占比重越来越大,但

---

① “于是,生产也就是即时消费,消费也就是即时生产了。彼此分别都立即成为对方的对立面”(卡尔·马克思,《政治经济学批判的基础》[纽约:兰登书屋,《名著丛书》,1973 年],第 91 页)。马克思在该书引言一节中讨论了这两个范畴之间的关系(第 90—94 页)。

在官方数据中，它们通常也就计入一次而已，而且在一些情况下，根本未计入国民生产总值。如果一家企业向自己的员工提供有关毒品或酗酒的咨询服务，那会看成是一项做生意的成本，而不是看成投资或消费的增加。此外，教育的价值，是按其成本，而非按它给经济增加的大得多的价值计入国民核算的。[①] 然而，要是我们追踪社会生产的所有效用的话，那就有充分理由认为，这些支出是生产性和消费性兼具的。总之，随着生产性消费的相应作用不断增加，国民生产总值数据还会更严重低估效用的实际增长。

生产性消费这种与日俱增的重要性，从堪称消费性生产的增大了的分量中得到了反映。如前所述，经济理论视工作为一种负效用，但有理由认为，工作的非金钱报酬一直在增加，这种报酬尤其表现在学到新东西和解决问题的满足感上。有一项全国性抽样调查问员工："你认为干你的工作能学到新东西从而能得到更好岗位或晋升吗？"有85%的受访者作了肯定回答。[②] 这里，我们再一 177
次有了同时生产两种效用的一个例子；员工生产商品和服务，他们还生产有趣的工作这一效用。这种模式，当前在"雅皮士"即年轻城市专业人员那种似是矛盾的形象中表现了出来，他们在80年代初备受媒体注意。雅皮士在其专业和管理岗位上长时间工作，但他们也急迫地消费高质量商品。使这一矛盾得到调和的是，他们

---

① 有的经济学家已尝试计算每年新增"人力资本"存量的价值，据此存量，可推知教育经费。这些研究，由个人经济报酬的数据，反推其所受额外教育。一项研究计算所得表明，1967年学校教育投资总额为4038亿美元，而同年国民账户国内私人投资总额是1208亿美元（尤金·克罗赫和克里斯·舍布卢姆，"美国的教育和国民财富"，《收入和财富评论》第32卷，第1期[1986年3月]，第87—106页）。

② 詹克斯等，"什么是好职业？"，第1326页。

的长时间工作，也体现了一种消费，而这是他们强烈追求的。[①]

生产性消费和消费性生产的重要性不断提高，不仅使人怀疑国民生产总值的准确性，还表明一般经济理论严重背离现实。随着生产活动和消费活动区别的消失，显而易见，要理解我们的经济活动，就非有新的概念和新的概念图不可了。如果人们能把消费与投资融合成同一种活动的话，那么，即令没有资本节约，今天也能消费得更多，**而且**，明天能消费得更多。此外，若是有趣的工作变成了一种消费品的话，那就难以看出，支付给做有趣工作的人的工薪比支付给做烦人工作的高得多有什么理由了。维护这种不平等的经典论点是，需要诱使人们经受长期培训；当受过高等教育的人也能喜滋滋地盼望终生做富有挑战性的工作时，这种论点便丧失了说服力。[②]

178 国民生产总值与幸福感

至此我们认为，国民生产总值数据所报道的，与经济的实际产值之间，差距越来越大。上面的讨论强调了官方数据低估了近年效用的实际增长，例如质量的提高和生产性消费的增长。这种论点有违流行的看法，流行的看法正好相反，反而认为官方数据夸大

① “几乎没有什么人，把今天的上等阶层的群体说成有闲阶级的；其实，他们是属于‘工作狂’阶级。其成员中，很多人总在抱怨不知道工作日与星期日的区别，多年未曾休假；但事实上，这种怨言，是炫耀性消费，炫耀新的工作财富的另一种形式”（拉尔夫·达伦多夫，《现代社会的冲突：论自由的政治》［纽约：韦登菲尔德·尼科尔森出版公司，1988 年］，第 144 页）。

② 金利·戴维斯和威尔伯特·穆尔，“若干分层原则”，《美国社会学评论》，第 10 卷第 2 期 9（1945 年 4 月），第 242—249 页。

了近年效用的增长。1980 年，罗纳德・里根就是根据 70 年代经济增长率锐降这样一种普遍看法当选的。甚至在 1988 年大选期间，未能问鼎白宫的民主党人，就已能着手利用人们的这样一种普遍看法为自己服务了，就是里根政府期间，经济增长并非如官方数据表明的那样令人乐观。无论如何，大多数人若获悉自己的日子，实际上过得比国民生产总值数据所表明的好得多，都会感到惊讶的。

流行看法与经济现实的这一差距，克里斯托弗・詹克斯在有关 20 世纪 70 年代的一项分析中作了探讨。[1] 他指出，国情普查局家庭收入年度报告增强了普通人有关 70 年代经济下滑的看法。该报告指出，“实际”家庭收入，50 年代提高了 38%，60 年代提高了 34%，70 年代则仅提高了 0.4%。詹克斯指出了这些数据存在的多种不同的问题。首先，家庭收入趋势报告，忽略了与日俱增的这样一部分人口，他们自食其力，他们在 70 年代的中位数收入比之于家庭的中位数收入来，提高得快。此外，家庭平均规模从 1970 年的 3.6 人减为 1980 年的 3.3 人，故家庭生活的缓慢改善，掩盖了 70 年代家庭成员收入的较快提高。其次，詹克斯指出，若使用比国情普查局所用消费品价格指数更为合适的一种物价折算指数，“则会使 20 世纪 70 年代与前两个 10 年之间的明显差别缩小 1/3。”[2]第三，他认为，本书所讨论的国民生产总值计量上的一 179
些欠缺低估了近年来家庭所获得的产值。最后，他考察了消费者收入总额的趋势并表明，一旦根据税收和政府提供给个人的服务

---

① 詹克斯，“1970 年代隐蔽的富足”，载《公共利益》，第 77 期（1984 年秋季），第 37—61 页。

② 同上，第 51 页。

的变化作了合适调整，70 年代与前两个 10 年的趋势就无显著差别了。[1]

詹克斯的文章最后提出了下面这样一个关键难题："读者或许很想知道，若是 70 年代物质生活水平真是大为提高了的话，为什么注意到的人竟如此寥寥无几。"[2]如果实际生活水平提高，比官方数据所表明的还要快，为什么人们会如此轻信经济增长减缓了呢？

毫无疑问，经济增长与有关幸福感的调查所得结果之间的关系，历来都是可疑的。很多学者都证实，第二次世界大战战后时期个人收入的变化，并没有导致人们所称的幸福感的相应提高。[3]还有，普通人有关经济走强或走弱的看法，可能受政治家和媒体传达的信息强烈影响。例如，尽管 30 年代末失业率依然居高不下，可富兰克林·德兰诺·罗斯福还是能够使普通人认为，经济状况到 1936 年已明显好转。类似地，公众认为 70 年代经济实绩不佳的看法，也是深受了一场持久的商业宣传运动和政治家解释形势
180 的方法的影响。[4] 不过，政治家引导公众看法的能力终究有限；这

---

① 同上，第 53 页。按照詹克斯的包括政府服务在内税后收入总额平均年增长的计量，1950—1960 年间，提高 3.1%，1960—1970 年间，提高 4.3%，1970—1980 年间，提高 3.3%。

② 同上，第 60 页。

③ 希托夫斯基，《令人沮丧的经济》，第 133—145 页；伊斯特林，"经济增长改善人类命运吗？某种经验证据"，见巴罗·A. 戴维和梅尔文·W. 雷德编辑，《经济增长中的国家和家庭：摩西·阿布拉莫维茨纪念文集》（纽约：学术出版社，1974 年），第 89—125 页；弗兰克·利维，"战后时期的幸福，丰裕和利他主义"，见马丁·戴维和蒂莫西·斯梅丁编辑，《横向公平、不确定性和经济福利》（芝加哥：芝加哥大学出版社，1985 年），第 7—29 页。

④ 对经济成功或失败的看法的主观性，乔尔·克里格给予强调了，《里根、撒切尔和衰退的政治主张的受挫》（纽约：牛津大学出版社，1986 年）。

种看法，通常需要确有其事，才会广为流行。

詹克斯对这个难题的回答是，70 年代的通货膨胀，扭曲了人们对他们的经济福利的看法。他援引莱斯特·瑟罗大肆宣传的一个论点，即高通货膨胀率导致人们的名义工资激增，但一旦实际购买力并无相应提高，人们就大失所望了。[①] 虽然大多数人在 70 年代末都比 70 年代初日子好过，然而，有鉴于其名义收入的增加，这种好转与人们想象他们应该获得的相比较，还是少多了。结果，也就有了某种笼罩于他们实际幸福感上的失望感。

尽管这一绝妙论点可能夸大了个人在充分解释通货膨胀上无能为力这一点，然而，该论点却提醒人们注意，幸福感总是与其他事物，例如人们期望的富裕程度等相对而言的。因此，别人的幸福感对一个人如何看待自己的境况有重要影响。[②] 把这一见解与人们转而重视消费质量联系起来，对詹克斯所看出的那个难题提出一种比较有说服力的解释，就未尝不可能了。

显示地位的商品

转而重视消费质量的一个重要方面，是弗雷德·赫希所谓“显示地位的商品”的重要性与日俱增。[③] 随着人们有了更多可自由支配的收入，他们也就能更多地消费显示地位的商品——这类商品和服务的吸引力源自其相对的稀缺性，因而其供给也就必然是

① 瑟罗，《零和社会：分配和经济变革的可能性》(纽约：基础图书出版公司，1980 年)，第 49 页。

② 另见伊斯特林，“经济增长改善人类命运吗”?

③ 弗雷德·希尔施，《增长的社会极限》(麻省，剑桥：哈佛大学出版社，1976 年)。对希尔施的评论，参看阿德里安·埃利斯和克里尚·库马尔，《自由民主的两难》(伦敦：塔维斯托克出版社，1983 年)。

稀缺的。例子包括排他性地段的住宅、入常春藤名牌大学读书和锦标赛50码线的座位等。这几种商品中,有的,供给可以稍有增
181 加,但大增,就自我拆台了,因为供给大增会使这类商品的宝贵的排他性丧失殆尽。这样的显示地位的商品从来就有,但随着生活水平提高,它们对于经济越来越重要了。

崇尚显示地位的商品,曾是上流社会的独有现象,现在相沿成习,在庞大中产阶级的很多群体中也蔚然成风了。购置或租赁住宅时,越来越多的人已富有到这样一种程度,他们甚至会计较某个地段的质量对他们的相对地位、身份会有什么含义,而不只是想要有一栖身之处了。购买保健服务时,对最具声望的专家需求极大,这不只是由于可望获得他们技艺精湛的服务,还由于他们的身份所系。类似地,对于很多人来说,度假不只是离家一段时间的问题,而是要找到一处不与其他游客挤在一块的度假胜地。饭店和文化盛事也是如此。在纽约市,最受欢迎的夜总会,是有门卫拒绝大量可能成为顾客的人进入的那些夜总会,这已成无可争辩的事实。

从增加经济幸福的观点来看,显示地位的商品有两个隐伏的特征。首先,根据定义,供给始终跟不上需求;总是有人没有能力消费他们凭收入买得起的商品和服务。其次,获得某物了,可还有更加独树一帜的、更加贵重的显示地位的商品,情况几乎向来如此。追求身份出类拔萃,难有心满意足之时,因为人们总是会感到,别人在享受着显示地位的商品,而自己没有享受到。这种情况的一个荒唐例子,是“年收入60万美元犹感贫困”,《纽约时报》载文细说纽约市年轻投资银行家如何勉强维持生计,因为他们在追求诸如合作公寓,海滨住宅,由设计师专门设计的服装和供其孩子

入学的排他性私立学校一类显示地位的商品上，投入了巨额资金。[①] 总之，追求显示地位的商品往往导致失望，因为大多数人都 182
感到，他们无法确保自己一开始追求到了的身份优势永不消失之。[②]

当这种论点与瑟罗对通货膨胀的分析结合在一起时，也就似乎比较合理地解释了发生在20世纪70年代中产阶级中较为富裕的那些人身上的事情。随着所增收入中更多地用于购买显示地位的商品，他们对自己取得的进步感到失望。他们判断自己的幸福时，既涉及自己有多少名义收入，又与更富裕的爱炫富者的幸福水平相比较，对比的结果是自认为进步不如后者快。

效用的消失

但是，显示地位的商品和货币错觉，尚不足以解释公众为何广泛感到收入增长缓慢，因为较富裕的群体只是整体的一部分而已。还有另一因素致使人们感到70年代和80年代家庭收入增长缓慢，这个因素就是历史上由家庭成员无偿生产的一部分价值消失了。前面已指出，家庭成员在家里生产的产值，或志愿者在社区所生产的产值，国民生产总值数据中都是从略了的。然而，近年来越来越多的已婚妇女加入劳动大军意味着，有一部分这种效用根本

---

① 1987年4月26日，商业篇，1。就这些投资银行家说，可以认为，这种奢侈生活方式的维持，对加强他们的专业可信性是必不可少的。他们要一个未来的客户说或想的最后一件事，是“你既然这么精明，你怎么就不富”？

② 艾伯特·赫希曼提出了说明多种消费内在不满的理由（《改变参与：个人利益和政府行为》[普林斯顿：普林斯顿大学出版社]）。不过，身份攸关的货物的受挫，要比那些与普通耐用消费品相关的受挫严重，看起来有道理。

不再生产了，或是在家庭承受巨大压力的条件下生产的。[1]

183 这方面的一个明显例子是儿童保育。从1970至1985年，家里有不满6岁孩子的母亲加入劳动大军的比例，从32.3%提高到了53.5%，而且，家里有不满3岁孩子的母亲加入劳动大军的比例，也有同样引人瞩目的提高。[2] 虽然原先靠家人承担的儿童保育工作，有的现由市场提供了，但私人抚育孩子的高昂成本不可能由市场完全替代。而且，近年来公共部门又未能相应增加儿童保育服务。结果是，家庭只能凑合着满足需要；常见的情况是，正规的儿童保育、非正规的应急举措和依赖亲朋照看结合在一起，形成了五花八门的处置安排。[3]

要使这整套做法行之有效常需作出巨大努力，因为哪一个人的计划协调得不好，都会造成梗阻。此外，如有孩子生病了，这种方式常会陷于进一步混乱。幼儿特别容易伤风流感，而儿童保育中心，又鲜有接收病孩的。结果也就是，母亲参加工作所得的利益——多一些收入和参与对社会有意义的活动所得的报偿——被儿童保育和减少闲暇的经济成本，还有保持工作与家庭生活平衡所承受的心理成本，化为乌有了。

---

① 对这同一些新情况的另一种解释是，妇女劳动力参与率的提高，说明为维持其历史生活水平，工人阶级家庭必须提供更多市场劳动工时了。对这个论点的阐述，见埃利奥特·柯里，罗伯特·邓恩，和戴维·福格蒂，“新贫困化：滞胀、不均和工人阶级”，载《社会主义评论》，第54卷(1980年11—12月)，第7—32页。这一类论点，难以理解在于它意味着最近一批加入劳动力的妇女，只是由于家庭收入不敷所需才这样做的。

② 芭芭拉·R.伯格曼，《妇女经济地位的提高》(纽约：基础图书出版公司，1986年)，第25页。

③ 儿童保育安排与工作计划的紧张关系数据，见约翰·P.费尔南德斯，《儿童保育与企业生产率：解决家庭/工作矛盾》(马萨诸塞州列克星敦：D.C.希思，1986年)。

年纪愈来愈大的成年人也是如此。多数已婚妇女在家工作时，她们照顾生病的和年老的亲人，会是责无旁贷的。这通常是市场外提供的又一重要效用。然而，随着妇女加入劳动大军的比例不断提高，有薪工作与这些家庭职责兼顾起来就难多了。然而随着预期寿命不断延长，中年人上有年迈父母需照顾的可能性也就更大了。有的家庭，可雇帮工或靠社会服务机构满足这些需要。但这些应急办法，往往并非唾手可得，而能得到时，又是对家庭成员多有要求的。结果是，可支配闲暇减少且不说，还承受了不少压力。

社区的社会生活也存在类似问题，在这一点上，人们的认识常 184
常还没有跟上。从前，在正常情况下，家庭主妇常常充当很多志愿者角色。青年社团、教会团体、父母团体、当地政党、社会服务组织和多种其他志愿者联合会等，往往都严重依赖家庭主妇的志愿劳动。随着家庭主妇人数递减，很多这些组织被严重削弱了。许多上班女性，还在继续从事志愿者事务，可通常做不到长时间跻身志愿者行列。过去常有一两位精力充沛的主妇，把很多时间用在协调另外很多人的工作上。没有了这样的人担当协调者，由此造成的损失可能是极其严重的。不过，关键在于，依赖志愿劳动的组织所提供的服务，在决定生活质量方面，意义重大。

社会的确有其他方法来生产出历史上原来由家庭和社区中的无偿劳动提供的服务。不过，这些服务既然历来都是在市场经济之外生产出来的，因此，它们通常也就一直是看不见的，受轻视的，消失了，社会也就迟迟无所反应。然而，这些服务的消失，或者在家庭承受巨大压力的条件下生产这些服务，对家庭的幸福是有实实在在影响的。家庭的实际购买力也许增加了，可人们或许还会有每况愈下的感觉，因为他们失去了一部分他们高度重视的闲暇。

生产与需求不匹配

社会未能以其他服务替代历史上在家里或由志愿劳动生产的服务，这是生产与需求在有效相配上存在制度障碍这一更大问题的一个实例。按照市场模型，各种需要几乎都会自动变成企业家会予以满足的需求，但在实际经济中，情况就复杂多了。有很多因素会阻碍供给的适时调整，以适应需求，在讨论不是为在市场上销
185 售而直接生产的产品时，情况尤其如此。如果这种供求不匹配在某个时期变得特别严重，它们会致使人们觉得收入增长太缓慢了。

70 年代和 80 年代特别严重的一类供求不匹配，发生于中、低收入住宅市场。虽然官方数据或许夸大了通货膨胀导致的新家庭住宅成本的增加，但这种成本的确上升得非常快，致使住宅价格飞涨，把很多人驱逐出了市场。[①] 同时，低收入住房公共支出也大大减缓了，中产阶级向日趋破败的市区移居和旧房不断被废弃或破坏，进一步缩减了中低收入家庭可望得到的住房。这些趋势的一个结果，是一种历史模式的回归，即老大不小的孩子——甚至是结了婚的——在其积累储蓄以有自己的住处期间，继续与父母亲住

① 尽管 70 年代有自有住宅的家庭的比重是逐年提高的，但这种提高，富裕家庭中迅速一些。据克里斯托弗·詹克斯说，“1970 年，自己拥有住房者的中位数收入，仅比租用人的高 53%。到 1980 年，差别是 89%了”（“隐蔽的富足”，第 40 页）。表明 1975 年以来住宅市场衰退的数据，见戴维·C. 施瓦茨，理查德·C. 弗拉托（Ferlauto）和丹尼尔·N. 霍夫曼，《美国新住宅政策：重温美国人之梦》（费城：坦普尔大学出版社，1988 年），第 6—34 页。他们报告说，租房户——约占 1980 年家庭总数 35%——中，房租负担占收入 25%以上的百分比，从 1974 年的 40%，提高为 1983 年的 60%（第 17 页）。

在一起。另一结果是，稀缺性导致巨大价格压力，现房价格节节攀升，此系导致70年代通胀的重要因素。[①] 这种种因素就成了20世纪80年代重新出现大批无家可归者问题的背景。

社会未能在住房存量的中低价端提供更多住房，这有多重原因，其中包括建高档住宅和写字楼盈利率高、建筑领域新生产技术扩散缓慢、工作地点附近城郊地价上升和种族政治等。后一因素使政府没有积极性建造更多的中低价位住房。尽管社会认同了种族平等思想，但在减少住房种族隔离方面几无进步。这意味着，只 186
要公共部门提供新的住房，就会引起争论，而不论这类住房是用以强化还是改造现有居住隔离模式。麻烦最少的办法是，为避免争论，干脆不建住房。

20世纪70年代另一供求不匹配现象，主要表现在非市场物品上。前已提及，随着收入水平提高，人们的选择是把重心更多地放在高质量的消费上。不过，若以为所有此类选择都是有效的，那就错了。人们可能更加看重洁净的空气和洁净的水，但他们却可能没有那么富裕，随便搬家，远离有毒的垃圾堆。而且，即令通过政治程序，他们坚持自己的要求，或许还是发现无法清除有毒有害物，或阻止新的有毒有害物的出现。

总之，人们倾向于认为，一定程度上，由于经济中某些公共物品的生产落后于人们的预期，因而收入的提高不够快。70年代，人们对诸如环境质量以及职业健康和安全等产出的方方面面的意识，有了巨大提升，因而即或这些领域有进步，它们也还不足以满

---

① 家庭预算数据表明，对各种人口群体来说，家庭收入中住宅上的支出所占比重，1980年都比1960年高，而从1935年至1960年，则是递减的（布朗，“消费定额、工作规则和经济增长”，第24—25页）。

足人们不断提高的预期。类似地，70年代初，有证据表明，对工作质量的预期提高了，年轻人中间尤其如此。许多这些预期很可能没有得到满足，因为很多工作仍然没有为个人的自主提供什么活动余地。

虽然对非市场效用提高的预期所作的这一阐述必属推测，但它还是点出了无可置疑的现实。一方面，收入——诚如传统方法计量的——只是决定人们对其幸福，甚至是对其"经济"福利的感觉的多种因素之一；另一方面，这些感觉是在一个全神贯注于国民生产总值概念和相关收入计量的社会中形成的。人们思考"我们现在比4年前过得好吗？"这个问题时所使用的，主要是货币收入
187 的语言。因而，对收入的感觉便浓缩了一系列其他满意和不满意。

结　论

总而言之，很难知道美国人1988年在经济上是否就比1970年过得好一些。核心问题倒是在于，国民生产总值增长率与回答这个问题几乎无关。再者，若想当然地认为，国民生产总值增长与经济福利之间存在水涨船高的关系，那也就会认为，增加投资从来就是解决国民生产总值增长不够快这个问题的办法。然而，真正的问题不是投资率，而是制度安排，人们的需要能否得到满足，就取决于这种安排。民众之所以感到增长不够快，其原因可能完全是，社会未能足够迅速地把资源转移到消费的更加注重质量的方面，例如增加闲暇，减少外部性和替代原由家庭成员无偿完成的服务等。

不过，显示地位的商品愈益重要这个问题，还是没有解决，这

是一个单凭重新配置资源，甚或加快增长解决不了的问题。事实上，争夺显示地位的商品是另一个例子，表明经济活动的工具化颠覆了经济理性。一旦人们认为自己的幸福取决于拥有他人得不到的商品和服务，市场也就成了每一个人反对所有人的战争，每一个人的满足感都既少，又转瞬即逝。大量资源被用于为少数人提供迅速消失的高消费，下一次则需动用更加多的资源。

解决显示地位的商品这个问题的唯一办法，就是设法把竞争减至最少。把对显示地位的商品的追求集中于收入连续体的高端，该问题显然就易处理了。通过减少富人和中上阶层的可自由支配收入而实现更公正的收入分配，会减少人们对显示地位的商品的争夺。例如，某些学术证书的声誉价值，就是与社会上的收入鸿沟紧密相关的。更为均等的收入分配，会使此类机构的声誉等 188
级变得差距小一些，合理一些，会缓和为进入"最好"学校而展开的地位争夺。增加公共物品的供应量，也有助于减少人们对显示地位的商品的争夺。若把海滨土地改造为公园，则有望使人们不再竞相兴建最豪华的海滨住宅，从而避免高级度假胜地的过度开发。[①] 诚然，总会有人争强好胜，就是要显得比邻居过得更好，更时髦，更阔绰。然而，不同的制度安排——诸如加大收入的均等程度，加大对公共物品的依赖等——会有助于使一部分这类竞争转化为另外一些领域内的竞争，而不再是争夺显示地位的商品，造成经济上的浪费。

总之，显示地位的商品这个实例和供求不相匹配等例子，都强

---

① 就医疗说，也可设想会有公共部门施行的干预，结果是减少奔一流医院看名医的竞争。如果在最初保健护理卫生设备改善上多投入资源，这种干预，可以起到筛选机制的作用，名声更大的医疗机构那种人满为患的情况得到遏止。

化了这样一种洞见，就是制度变量可以在经济增长和人们得到的效用的增进或削减之间发挥调节作用。而且，当我们考察社会所产生的一整套效用或满意感时，便不难想象一种充满活力的经济既可以实现国民生产总值零增长，又可以逐步使人类获得越来越高的满意水平。下一章要详述的，正是质量优先增长这一思想。

第七章　换种思路：质量优先的增长 189

指出现有的一套范畴不妥，要比提出有说服力的另一套范畴和概念容易得多。弄清楚目前尚处于萌芽状态的种种社会可能性，需竭尽全力，发挥社会学方面的想象力。何况，即使想象出了另一套范畴和概念，但由于它们尚未经过人们的体验，它们通常也还会显得抽象而不切实际。不过，这个问题有循环论证的味道，因为人们是通过此前的那一套范畴的透镜体验现实的。按照某些历史传统，在另一套概念开始显得具体和切实可行前，需要经历一个漫长的社会学习期。

尽管有这些困难，可试着除批判外再有所建树，仍然是重要的。即使提不出一整套新范畴，提出某种非常非常粗浅的新想法，也总比脱离现实的批判要好。批判若不提出新的想法，充其量也就是一种学术练习而已，而从最坏的一方面看，则可能强化现有安排不可避免、不可改变这样一种看法。

前几章一一展开的批判的确表明，确有一种组织经济的新方法，即以质量优先增长为中心组织经济。这一章就阐述质量优先增长这个概念，并说明该概念是如何直接从对市场、劳动、资本和国民生产总值的具体批判中产生的。这样做，目的在于使读者相
信，只要采用与蕴涵于新古典传统的那些原则不同的一套原则，便 190
可以明白一个已经按照后工业方向改变了性质的经济的潜在能

力。本章第二节,纯理论性成分必然多得多。它探讨几种具体的方法,以此来改革经济制度,从而促进质量优先的增长。提出的建议并不全面,只是多种可行的改革方案之一。我的意图仅仅是证明,若抛弃新古典原则而采用质量优先增长原则,那就得重新审视应该如何组织经济的所有假设。

换种思路

但首先必须讨论一下质量优先增长所代表的那种方法。之所以要这么做,有下列几个原因。首先,第一章已指出,从后工业主义这个概念中清除19世纪的进化论思想,这不仅能够做到,而且应该做到。不要把质量优先的增长看成在工业资本主义内部必然孕育出的一种新型经济组织,这一点很重要。其次,质量优先的增长这个概念内蕴蓄有需加以区别的多种方面或层次。最后,这里提出的这种新方法,必须放在资本主义与社会主义之间的历史冲突中去加以理解。

质量优先的增长只不过是一种理智的产物;它既不是一个新的历史发展阶段,也不是一种新型社会组织。这样说,只是表明质量优先的增长是当前制度安排的一种合乎逻辑的或合理的替代而已,因为它可以用前几章所确认的多种明显趋势建构出来。不过,还可构想另外的方法,其中有些方法在不同的人看来或多或少是合理的。而且,社会实际上采取的路线,只在较小的程度上取决于逻辑;关键的决定性因素,将是在对未来的不同看法上,相互冲突的各种力量的相对政治影响力。

区别一下何谓"质量优先增长 I"和何谓"质量优先增长 II"也

是有用的。本章下面第一部分所述的“质量优先增长 I”,体现的是组织经济的新原则。这些原则,类似于标准化大批量生产以及 191
经济盈余从农业向工业的有步骤的转移这样的一类工业主义原则。这些原则,就像工业主义是由如英美自由放任和斯大林主义中央集权制等多种不同安排组织而成一样,也可以在多种制度形式内付诸实施。质量优先增长 II,如在本章下面第二部分所阐述的,是一套特定的制度安排,这套安排实施与更广泛的民主、平等和自由这一目标相一致的原则。质量优先增长 II 只不过是以这些新原则为基础、组织经济的多种可能方式之一。

质量优先增长的这几个不同方面,是如何与资本主义和社会主义联系起来的呢?这个问题,由于存在这些范畴的意识形态化利用而复杂化了。100 多年来,多种不同经济重组方案的提倡者,不是被其对手称为社会主义者,就是自豪地自封为社会主义者。资本主义的支持者和反对者,都常常想当然地认为,资本主义的可变性有着内在极限,因此,一旦超越了这一极限,就必将会把人们带入有质的区别的社会主义世界。内在极限这个概念,革命者在坚持认为根本不可能在资本主义内部进行彻底的改革时使用过,保守者在声称某些改革必然导致社会主义取得胜利时也曾使用过。

资本主义有限可变性一说,纯属谬论。如果坚持认为某些变化在这一套特定的经济安排中是不可能实现的话,那就必须弄明白究竟何谓**资本主义**。然而,这个词却用以描述从 17 世纪的英国,到当代的瑞典、日本、韩国和智利等各种社会,意思似乎不那么明确。即使认为资本主义的先决条件是生产资料私有制,私有产权也是可以用多种迥然不同的方式组织的。可以规定企业在其公司董事会中必须有雇员，可以依法强使企业实现某些公共目标，如此等等。有鉴于采用不同制度的可能性不胜枚举，内在极限一说的可信性，也就丧失殆尽了。

192 再者，过去200多年来，主要由于公众争取提高生活水平、实现更大经济保障和扩大民主权利的斗争的结果，在被认为是资本主义的社会内部，实际的制度安排也已发生重大变化。财产权的实际适用范围和左右一切的影响，已被一系列的改革改变了。此外，还有充分理由设想，这种斗争持续下去的话，必将导致未来的巨变。在经济保障或雇员在工作场所的作用方面，目前各发达资本主义国家所作的规定存在巨大差别，这有力地证明，在这些方面未来可能会发生变化。总之，认为质量优先增长原则与生产资料持续私有制天生就不相容的论点，是没有说服力的。

同时，社会主义这个概念也变得有问题了。苏联式社会主义的经验已经表明，中央集权的国有制和计划经济，已对经济效率和民主权利产生了灾难性影响。因此，社会主义理论家和社会主义领导人都在推进"市场社会主义"这一概念的实验。[①] 然而一旦重新界定社会主义，乃至在企业层面引入利润刺激，引入竞争的商品市场，那人们就看得很清楚，"市场社会主义"社会和"发达资本主义"社会并非截然对立。它们在组织经济生活方面只是市场化的程度不同而已，它们在确定市场、国家行动和其他调控形式的恰当组合方面遇到的问题是类似的。

因此，此时，把这种可供替代的经济组织形式定义为社会主义

---

① 参看亚历克·诺夫，《可行的社会主义经济学》(伦敦：乔治·艾伦 & 昂温图书公司，1983年)。自从诺夫的著作出版以来，苏联和中国向市场社会主义转变明显加速了。

还有什么意义，就让人不明白了。随着人们认识到时间总是稀缺的，而且总会有人始终实现不了他们所希冀的地位和声望，马克思所展望的那个目标，即什么也不再缺乏的社会，就变得缺乏说服力了。[①] 依据私有制或私人利润的废除给社会主义下定义，那就会使人们别无选择，只得不是集中计划，就是"市场社会主义"，择一 193
而从了。[②] 前者把如此多的权力置于国家管理人员手中，竟至他们能够追求与社会其他成员相反的利益。后者则是要把财产权和利润控制权完全交给集体，但没有理由一定认为，这些集体就能把事情办得比资本家好。一家归工人所有的拖拉机厂，很可能具有与一家典型私人公司相同的动机把利润置于产品安全之上。无论在哪种情况下，结果都取决于是否能建立起尽量减少公私利益冲突的制度机制和文化机制。

社会主义一度被定义为可以确保人们享有最低的福利，但西欧先进福利国家却又已经表明，这一点在生产资料私有制下照样可以做到。近年来，有多位理论家试图按照民主和民主权利的扩大重新界定社会主义。[③] 此举有吸引力，可这却违背了传统马克思主义所强调的财产权占第一位的观点。在提出这种论点时，区别民主的形式与实质，成了批判西方民主的核心。即或人民有做

---

① 对这几点作出了重大贡献的有卡门·西里安尼的论著，"后工业社会的时间自我管理：朝向民主的选择"，载《社会主义评论》，1988 年第 4 期（1988 年 10—12 月），第 5—56 页，和迈克尔·沃尔策，《司法领域：为多元主义和平等辩护》（纽约：基础图书出版公司，1983 年）。

② 资本主义的社会主义批判的另一主题，是废除一切形式的商品化，但如果对一切分配强行集权控制，就难以设想会发生这样的事。

③ 乔舒亚·科亨和乔尔·罗杰斯，《论民主：美国社会的改造》（纽约：彭奎英图书公司，1983 年）；埃内斯托·拉克洛和尚塔尔·默菲，《霸权和社会主义的战略：激进的民主政治》（伦敦：韦尔索，1985 年）。

出重要决策的正式权利，但如果他们是消极的，不参与治理的话，那也几乎还是没有民主内容可言。不过由此可知，正式权利，包括财产权在内，在保障民主的实行上，是不如人民有能力而且愿意参与民主决策重要的。

例如，这就意味着，一家工人所有的工厂，与一家有着高度发达员工参与制的私营公司相比，尽管两家企业的工人享有的正式权利有别，但前者的民主程度却比后者低得多。此外，即使受私有
194 制制约，私营企业也还是会为员工提供重要正式权利，从而为其民主实践奠定稳固基础。例如，员工有望获得言论自由、不受雇主胡作非为侵害和在公司董事会享有若干发言权等项权利。①

这里对质量优先增长 II 所作的概述，是建立在这样的基础上的，就是把社会主义传统重新解释为首先是扩大民主。关键问题变成了不是资本主义还是社会主义的问题，而是一个社会怎样才能创建能使民主参与得到最大发展的经济制度。质量优先增长 II 代表了对先进经济的一种看法，就是先进经济必须能够稳步扩大人民在一切关键的社会、经济决策方面的主权。

质量优先增长 I

质量优先增长 I 所依据的原则，存在于当前的经济中，但这些原则是在背地里起作用的；与资本的静脉注射模型和增加商品产量的冲动相比，它们是次要的。如果这些原则处于最显著地

---

① 参看卡尔·E. 克拉雷，“工作场所民主与市场重建：法律改革议程”发表于《天主教大学法学评论》，第 38 卷，第 1 期(1988 年秋季)，第 1—68 页。

位——假如把它们提升为组织经济的支配性原则——结果就会出现一种迥然不同的经济。

第一项原则是人类的生产能力开发与增加未来产量之间的正反馈。这在前面谈及组织变量和生产性消费概念两者与日俱增的重要性时讨论过了。马克思在120多年前所写的论著中,就分析过一种先进经济的正反馈。马克思在《政治经济学批判大纲》预言出现高度自动化的一段话中认为,先进技术将改造经济:

> 在这种改造中,既非人自己完成的直接劳动,也非人自己劳动的时间,而是对他自己的一般生产力的占有、他对自然界 195
> 的理解,以及通过他作为社会体的存在而对自然界的控制——一句话,社会个人的发展,似乎才是生产和财富的伟大基石。①

这段引语表明,随着经济产量用以扩大个人能力——通过接受更多教育,通过参与更多创造性闲暇活动,通过扩散科学技术知识——会进一步增强生产各种效用的集体能力,建立起财富愈积累愈多的良性循环。

这不仅仅是人们所熟悉的论点,认为"人力资本"投资具有很大价值;马克思的这个论点的特殊性还在于,人类能力的开发与先进生产技术所强加的特殊任务之间的关联。在《政治经济学批判大纲》的同一节,马克思写道:"劳动似乎不再那么多地进入生产过

---

① 卡尔·马克思,《大纲:政治经济学批判的基础》(纽约:兰登书屋,经典图书公司,1973年),第705页。

程内了;相反,人类开始更多地作为看守人和管理者与生产过程自身发生联系。”①人类能力的开发,正是在人力投入生产的性质发生这种具体变化的情况下,才变得如此具有决定性意义的。

此论点的关键成分,新近用“动态柔性”予以概念化了。伯顿·克莱因对“静态柔性”与“动态柔性”作了比较。前者系指企业调整其经营以适应市场变化的能力,后者则“指通过改进生产过程和产品创新以提高生产率的能力”。② 居于动态柔性核心的,是迅速利用新技术的能力;“重中之重,是使思想迅即变成行动。”③

196 正反馈,是社会通过开发人们解决问题的能力和建立能利用那些解决办法的组织,使动态柔性实现极大化的能力。例如,计算机程序设计中的各项突破,既能免除许许多多小时的重复劳动,又能提高工人承担更高水平任务的能力。试想一想文字处理程序的发展而节约的打字小时数,或电子制表软件程序对管理人员效能的影响。④ 还有,随着社会使用其财富促使越来越多的人能开发和利用编程上的这些创新成果,进一步实现生产进步的可能性会增加,如此等等。

当然,问题在于并不必然会出现正反馈。人类能力扩大与其

---

① 卡尔·马克思,《大纲:政治经济学批判的基础》(纽约:兰登书屋,经典图书公司,1973年),第705页。

② 斯蒂芬·S.科恩和约翰·齐斯曼,《制造业关系重大:后工业经济的神话》(纽约:基础图书出版公司,1987年),第131页。在这一节,科恩和齐斯曼大量援引伯顿·克莱因的“动态竞争与生产率提高”一文,该文收入拉尔夫·兰多和内森·罗森堡编辑的《正和战略:经济增长中利用的技术》(华盛顿特区:国家学术出版社,1986年),第77—88页。

③ 科恩和齐斯曼引自克莱因的《制造业关系重大》,第132页。

④ 诚然,这些都是极端例子,但引起大量影响的还有数千项小一些的创新成果,如使某种程序适应特定行业的需要等。

有效利用之间,还有很多制度和文化变量在起作用。例如,一个社会可能花去千百万美元培养了新一代的计算机程序员,可他们或许就缺乏进行有效创新的创造力。教育上花更多钱的结果,又可能是培养出了更多苦无“真才实学”的人。即令有很多创见了,可制度或组织的刚性,又可能阻碍动态柔性的实现。

当前,正反馈常常是偶然发生的;它不同程度地出现了,但尚无扩大它的系统的全社会性的努力。更何况,现行制度结构会以多种方式严重干扰正反馈。在一个以质量优先增长为中心组织起来的社会,正反馈会被看作是产生财富的关键动力,而制度也会加以改革,使之增强其对正反馈的贡献。

第二项关键原则,是产出的质量方面、包括与商品无直接关系的满意度的提高。如前所述,经济产出有计量不确切甚或全然被忽略的关键方面,但这些方面又是与人们的福利关系重大的。属于这一类的,有真正令人满意的工作、自愿的闲暇、经济保障、安全和洁净的环境,以及丰富多样的社区和志愿服务等。质量优先增长,既会设法扭转这些满意的生产供不应求局面,还会全面提高各 197
种商品产出的质量。

诚然,这里对非商品性满意度和产品质量所作的强调,不是不花费成本的;保护环境,强化个人经济保障,促进社区服务和志愿服务,提高商品和服务质量等,都要花钱。不过,源于正反馈动力的大多数增长效益,都会用于提高经济产出的质量而非数量方面。此外,质量上的这些提高,又会使人的能力进一步提高,从而增强经济的生产力。

在这个意义上,质量优先增长,是对现行有关增长极限的争论的一种回答。人们经常看到的情况是,一些人主张必须根据既定原则继续增长，另一些人则坚持认为这种持续增长不是由于资源制约而做不到，就是由于增长所致环境遭破坏而不合乎理想，双方各执一词，互不相让。结果也就是陷于一种僵局，一方主张增加产量；另一方则似乎认为，没有任何活力的稳态经济是合乎需要的。质量优先增长 I 是一种替代方案，若实施此方案，则将重新安排经济的优先次序，而经济仍将充满活力。[①]

有两个因素，可使持续增长与关注环境平行不悖。首先，消费性质的改变和技术进步，使减轻对环境的压力有了实现的可能性。政府数据表明，服务现已构成消费者采购中的绝大部分，而一旦加上政府提供的服务，服务所占的支配性地位还要加大。[②] 既然服务的生产，对原材料资源——包括原料和能源——的依赖，比起制
198 造业来，通常要小一些，因此，保持增长势头而又不至于达到资源极限或给环境造成过大压力，就容易一些。更何况，微电子技术已促成能源的节约，超导技术的发展又可望加速这些趋势。

其次，质量优先增长重在扩大产出中非商品成分这一点，意味着环境改善，是持续增长可赖以发生的一种方法。空气质量的提高，或向海洋倾倒物的减少，会被承认是对经济福利提高的重要贡献。诚然，社会会自行作出有利于环境的正确选择这一点，绝无必然的保障。在鼓励制造业界与服务业采用保护资源的技术和阻止其强加环境外部性上，会有持续的政治斗争。然而，这里的信念

---

① 证明这一论点的另一种方法，是把增长，亦即定量的，和发展，亦即定性的，区别开来。参看赫尔曼·戴利，“经济增长的思考：什么是有的经济学家已经弄清楚了，很多人则还没有”，载《环境经济学和管理杂志》，卷 14（1987 年），第 323－326 页。

② 弗雷德·布洛克，“对福利国家政治经济学的反思”，见弗雷德·布洛克，理查德·A. 克洛沃德，芭芭拉·埃伦赖希和弗朗西斯·福克斯·皮文，《评福利国家》（纽约：伟人祠图书出版公司，1987 年），第 143－146 页。

是,依据质量优先增长观点行事的人们采用的会计方法,将不再把环境看成对经济生产来说是完全外在的某种因素。

质量优先增长的第三项原则是承认,就调控经济而言,作为唯一的一种组织原则,不论是市场,还是计划,都是不尽如人意的。不受约束的竞争和中央计划都一再表明,它们与产品质量方面的考虑是不一致的。此外,在市场化水平高的制度下,以及在集中计划窒息个人选择的制度下,各种非商品方面的满意往往都是一种奢望。追求质量优先增长,要求有个人选择、社会调控和广泛的国家行动等兼而有之的混合的制度安排。有达成理性决策的捷径这种幻想,必须让位,要认识到有必要进行不断调适,以找到作出选择的有效方式。

支撑混合制度安排的逻辑是,要使几个同时追求的目标,例如,企业内的效率和减少环境外部性,都达到最优化,光有价格机制起作用,常常是无济于事的。与此同时,集中制定规则,对人们的实际需求可能是刚性的,无所反应的。而且,某些种类的混合制度安排,可以利用各种不同组织的知识和认识,以作出有效的选择。 199

有多种现行的制度安排在试验超越计划或市场的混合方法。例子有日本的公司间合作模式和公私营公司合作模式、欧洲部分小国出现的社团主义讨价还价形式以及美国城市中出现的各种公私营伙伴关系。[①] 尽管这些方法在为民主参与提供的机会上明显不同,但却可以把它们看作是寻找新型组织安排的尝试,这些安排将有助于人们作出经济决策。

---

① 东欧、苏联和中国的新市场改革中,有很多也列入该名单,因为它们是产生混合安排的。不过,评价它们的效果,为时尚早。

质量优先增长 II

承认了经济组织的这几项新原则，也就可以考虑既增进经济效率，又加大民主、平等和自由的组织经济生活的方法了。这里提出的制度方面可供替代的抉择，并不是一幅完整无缺的蓝图；它只是描述了几种具体方法，用这些方法可以重新组织经济生活的一些领域，使之与质量优先增长 I 的各项原则更相一致。

组织工作场所

组织工作场所的关键问题，是对人的生产能力扩充后的生产率的正反馈如何加以制度化。第四章指出，劳动的有效利用，越来越多地取决于劳资双方达成的激发雇员的积极性、鼓励他们畅所欲言和确保对其技能提高的高水平投资的合作协议。并非巧合的是，这些也正是为加强正反馈活力——亦即人的生产能力的扩充使生产率不断提高——而必须加以解决的问题。

能解决这些问题的某些制度安排，已在美国部分企业正在应
200 用的最新工作场所管理创新成果中表现出来。[①] 首先，企业必须承诺，为员工提供职业培训机会和强化就业保障。如果想要使员工意识到，对于他们的生计来说，技术创新是具有建设性的，而不是一种威胁，那么企业就必须作出这种承诺。某个工人，如果因为技术变革而变成冗员，企业不应解雇他或她，而应设法对他或她进

① 托马斯·科汉等人，《美国劳资关系的变化》(纽约：基础图书出版公司，1986年)。

行培训，使这位工人有能力适应同等工作或要求更高的工作的能力。在向员工提供就业保障方面，企业是有一些限度的；在极端情况下，企业或许别无选择，只得裁员。然而，如果社会拥有完善的社会支持系统，那么，这种裁员造成的创伤还是会比现在小一些的。此外，有相当多的证据表明，在正常情况下，企业不仅可以做到不裁员，而且还大有可为。[①] 在特定产品需求不旺时期，企业完全可以让多技能员工转换工种，或是让他们参加全新工作的培训。

雇主若关注员工的职业发展，还必须创造内部岗位阶梯，使员工有改行从事更富挑战性工作的可能性。这是非常重要的，因为当一个人经过培训成为解决某个问题的能手，但又束缚于一种几乎已成人人能干的粗活而无可奈何之时，他或她的积极性是很难持久的。关注员工的职业发展，还要求管理部门创设促进员工提高其技术水平的激励措施。实施了这些激励措施，便可以克服人们技能投资不足这种正常倾向。这些激励措施可采取多种形式；雇主可以通过学费补偿制度，酬报工人学新技术，[②]可以为教育或培训费提供补贴；可以试行一种政策，向现有员工提供与其新学到的技能相匹配的新工作；也可承诺实行一种积极的政策，就是一旦 201
员工的技能本企业用不上时，就帮助员工到其他雇主那里另谋新职。[③]

---

① 美国很多公司如何采用不解雇政策和其他措施以增进就业保障的详论，见乔斯林·F.古切斯，《起作用的就业保障：起作用的战略》（纽约：佩尔加蒙（Pergamon）出版社，1985年）。

② 拉里·希尔施霍恩（Hirschhorn）：《超越机械化：后工业时代的工作和技术》（麻省，剑桥：麻省理工学院出版社，1984年），第11章。

③ 对包括所有这些选择在内的最新就业政策的一种说明，见罗索和罗伯特·扎格尔，《培训——竞争优势》（旧金山：Joossey-Bass，1988年）。

工作场所的第二组变化，以提高决策民主化程度为中心。工人观点有表达的渠道，是推动企业更有效地利用资源的一种主要机制。即使就有关物质资本合适投资的决策来说，对于管理部门不是夸大就是贬低新技术投资可能带来的利益的这种倾向，员工的意见也是一种有效的抵消力量。

如前所述，很多企业都试图通过建立集体解决问题的制度，以求实现工人意见表达的制度化。建立质量管理小组和类似安排的共同意图，都在于促进个人和集体解决问题。在很多当代工作环境，尤其是依赖计算机技术的环境下，各种不同工作单位之间的协调问题，变得越来越重要了。然而，自上而下，强行协调，又往往行不通，因为各种任务都太易变、太不可预测了。不过，要是未能解决协调问题，则会对组织的效能产生可怕的后果。因此，的的确确需要有良好的制度环境，使员工能公开、充分地讨论这些问题，并最终找到协调一致共同努力解决问题的更好办法。一旦有了这些制度，管理部门漠视员工所提建议，代价就高了。

充分调动工人发表意见的积极性，光有质量管理小组或讨论小组还不行。在工作场所，还必须有某种治理结构，以确保员工的观点会被认真听取，并保护他们免受管理权力为所欲为之害。指望员工会在自感无权无势的环境下，或感到发表意见会受到惩罚的环境下畅所欲言，那就过于天真了。有效调动集体解决问题的积极性的必要前提，是有一种体制，这种体制要民主到足以使工人们感到，他们发表的意见是会得到认真对待的。民主化的程度会
202 因时间发生变化，但企业对民主参与的承诺，则必须不止是空口的应酬话而已，对言论自由权的保护必须是真实可靠的。

然而，如果不采取步骤，以确立员工为企业真正的利益攸关方

这一身份作为补充,员工职业发展也好,决策民主化也好,这两项承诺就都会是不牢靠的。既然公司或公司各组成单位的收购和出售都已司空见惯了,因此,员工必须清楚意识到,要是自己所在的单位业已给出售了的话,那么任何制度性承诺,不论是员工职业发展,民主程序,还是什么别的,总有一天,都会成为一纸空文。这样一种前景,削弱了原管理部门一应承诺的有效性且不说,还弱化了企业对激发积极性、保障发言权和培训投资等问题上作出一锤定音答复的能力。可取的另一种办法,就是向员工授权以影响收购,这样,他们就能阻止不受欢迎的收购,或能与潜在买主商订合理的条件。这既可以按照现行法律,通过给予员工相当数量的公司股份做到,也可以通过改组公司整个治理体系做到,这种治理体系能使多种不同利益攸关方拥有对董事会的选举权,并要求敌意收购必须征得员工的同意。

在正常情况下,这两种解决办法,都会使员工在企业中拥有更大股份。既然员工所在的企业成功了,得到利益的可能性就更大,因此他们的积极性及发表意见的愿望,都会得到加强的。克服员工利益与资方利益的距离感的最好方法,是使员工成为企业的完全的利益攸关方,这看起来是合乎逻辑的。这正好也是股份分配计划所以向来在管理人员中常见的原因,但随着技术对低层工人比以往任何时候都重要了,扩大这种计划适用范围的理由,也就变得更为充分了。

此外,让员工在公司拥有重要权力,是积极解决当前公司治理上存在的危机的一种办法。尽管是有股东民主这一思想,然而众所周知,所有权分散,会使企业主管人员处于牢固地位。地位稳固 203
的管理部门,又会有追求诸如经济保障,高级管理人员极高报酬等自身利益的相当大自由度，而不追求资源的有效利用。正是因为无能的管理班子有可能设法使自己处于牢固地位，致使许多人认为公司“劫掠”的出现是一个积极的步骤。按照这种看法，进行公司敌意收购的人，给股东民主思想注入了新的活力，同时还确保了企业的资源得到更有效率的利用。不过，正如我们已看到的，对企业来说，这种收购可能是极具破坏性的，而且几乎没有证据表明，这种财务策略实际上提高了经济的长期效率。总之，公司现行的选择是，要么听任管理部门巩固自己的地位，要么听凭高度无理性的自由市场摆布。员工持股，有助于减少无能的管理班子巩固自己地位的可能性，而又不必付出公司收购带来的所有额外成本。①

组织工作场所的这些变化——承诺就业保障和职业发展，决策民主化，确定员工为利益攸关方等——可以看作是随着时间的推移而不断发展的一种组织学习过程。诚然，要扩大员工的权利，就必须先有立法变革，但企业不会变魔术般几天工夫就得到改造。相反，员工权利的扩大会为不断变革的过程奠定基础。此过程，将因需要激励员工而向前推进。最初，习惯于用老办法组织工作的员工，会对较小的改革有所反应，但他们习惯于这些新的做法时，又会陷于新的失望。克服这些失望情绪，那就非有进一步变革不可，从而也就进一步推动了民主化进程。

---

① 作为一种可能性，这个设想，小约翰·C.科菲在“股东对管理人员：公司网的重负”中作过论述，该文收入小约翰·C.科菲，路易斯·洛温斯坦和苏姗罗斯—阿克曼编辑，《护卫者、劫掠者和目标：敌意接管的影响》（纽约：牛津大学出版社，1988年），第112页。

组织劳动力市场 204

如果没有组织劳动力市场的方式上的支持性变化,向合作式工作场所的转变就难以实现。劳动力市场尤其要大大予以紧缩,这样,即可剥夺失业威胁提供给雇主的部分强制性权力。在这方面同时还能达到其他目标的一种方法,是创建社会全体成员共享的基本收入支持制度。[①] 不论就业与否,所有公民都能获得一笔月补助金,数额大到足以维持包括住房、食品等基本必需品在内的最低生活水平。提供这种补贴,可以替代发达资本主义社会现行的福利、失业保险和社会保障等项精心计划的制度。差别在于,尽管收入转移中,有很多是获得一定收入者得不到的,然而,这种基本收入补贴,决定以工作谋生的人还是能得到的。

基本收入补贴,会由于支撑了更具合作精神的工作场所和由于使个人有了实现自身发展最大限度的机会,而促成动态柔性。中年人进一步接受教育和培训的机会会比以前多得多,因为他们不论是完全离职不干,还是由专职改兼职,都能应付裕如。结果就是,新思想新技术,向工作场所的扩散会比以前快得多。

正如保守派人士坚持认为的,这样一种收入有保障的计划,会

---

① 基本收入这个概念,有漫长而又丰富的历史,80 年代又已作为西欧一个麻烦的论题出现了。有关新近争论的历史和参考书,参看菲利普・范帕里吉斯,"什么样的命运对于津贴是万能的?",载《未来可能性》杂志,第 106 期(1987 年 1 月):第 17－31 页。对此概念的近年另外的维护,见比尔・乔丹,《国家:权力与自治》(牛津:巴兹尔・布莱克韦尔,1985 年),和罗伯特・J. 范德维恩和菲利普・范帕里吉斯,"通向共产主义的一条资本主义道路",《理论与社会》杂志,第 15 期(1987 年),第 635－655 页。刘易斯・芒福德在《工艺学与文明》一书提倡这一概念(1934 年;再版,纽约:哈考特、布雷斯与世界,1963 年),第 400－406 页,和罗伯特・西奥博尔德在 60 年代撰写一系列论著,为此思想作争辩,内中,包括《自由人与自由市场》(纽约:C. N. 波特出版公司,1963 年)。

产生一种抑制求职的效应。[①] 由于人们总会有收入来源，所以，雇
205 主想要为几乎没有内在报酬的低薪岗位招聘求职者，就比以前难了。但这种抑制求职的效应，又会导致一种有利的结果。雇主自会产生这样一种强烈动机，就是要么使那些难以为继的工作实现自动化，要么通过提高工资水平，改善工作条件，增加工作中解决问题的成分，或使从事这些工作的人有望得到更具吸引力的工作，来提高它们的吸引力。

基本收入制度还有助于带来一系列非市场满足感。它会使人们产生经济安全感，因为不依赖自己的工作能力或找工作能力，他们就会有可靠的收入来源。这对妇女特别重要，她们在经济上常处于对其丈夫极其依赖的地位，适值生育年龄时，尤其如此。

基本收入制度，还能扭转我们的社会使自愿闲暇生产不足这种趋势。20 世纪 30 年代以来，尽管节省劳动的技术不断涌现，可全日工作周天数一直相对不变。[②] 这意味着，19 世纪 80 年代至 20 世纪 30 年代，自愿闲暇因限制工作日长度而剧增的情况停止了。在那个时期，美国的平均工作周从 64 小时减至 44 小时[③]，但全日性工作时间后来几乎没有改变。这是一个问题，因为有偿劳动总时数，要说有增长的话，往往也增长得很缓慢，而总人口中设法进入劳动大军的人所占的百分率，则愈来愈大。1940－1979 年

---

① 对工作起抑制作用的因素，弗朗西斯·福克斯·皮文和理查德·A. 克洛沃德作过讨论，见“当代救济争论的历史根源”，收入弗雷德·布洛克等，《麻烦的季节》，第 3－43 页。

② 这是本杰明·亨尼克特一部重要著作的主题，见《没完没了的工作：放弃短工时以求工作权利》（费城：坦普尔大学出版社，1988 年）。

③ F. 杜赫斯特和同事，《美国的需要与资源：一项新调查》（纽约：21 世纪基金会，1955 年），第 40 页。

间,男人、女人和儿童人均有偿劳动时数,实际上从855减到了814,而劳动力参与率,则从55.3%提高到了63.7%。[①] 这就是说,工作小时数有限,而追求者众多,结果自然是非自愿闲暇—— 206
如失业、非自愿计时性工作、老年工人等某些人口群体进入劳动力市场机会减少等——有增无减了。从理论上说,假如非全日性工作恰好以与劳动力偏好相匹配的速率替代全日性工作的话,便可以避免上述结果。不过,政府记录非自愿非全日性工作增长的数据表明,情况并非如此。[②]

基本收入制度通过促进自愿闲暇增长,减少非自愿闲暇的必要性等,可以扭转上述趋势。若有基本收入补贴,更多的人会感到,只做非全日性工作,即可设法达到一种满意的生活水平。[③] 对另一些人来说,在其一生中的某几个时期,例如,养育孩子,或随着年龄渐高而作为退休的一种替代,从事非全日性工作,或许也是有意义的。还有一些人想做非全日性工作,只是为了留出时间参与

① 工时数据取自弗雷德·布洛克,"技术变革与就业:老争论新观点",载*Economia & Lavoro*第18卷,第3期(1984年7—9月),第3—21页。遗憾的是,美国政府中止了从事工业生产的人们的工时丛书的出版,因此,也就无从追踪80年代的这套丛书了。不过,仅限于工人工时的已发表数据还是表明,工人的人均工时,80年代已不再增加。有关参与率的数据,取自劳工部,《劳工统计手册》(华盛顿特区:GPO,1985年),第18页,和国情普查局,《美国历史统计资料,从殖民地时代至1957年》(华盛顿特区:GPO,1960年),第71页。注意,1940年,劳动力参与率涉及年满14岁及14岁以上的人口,后来的数据,系指年满16岁及16岁以上的人口。

② 据报道,由于经济原因而兼职工作的人数,从1973年的260万人,提高到了1988年的520万人。劳工部,《劳工统计手册》(华盛顿特区:GPO,1985年),58,和《就业和收入》,第36卷,第1期(1989年1月),第199页。

③ 当前,很多兼职工作都缺乏专职工作提供的那种雇员福利,几乎没有提供职业流动机会。即使在不存在旨在提升兼职工作品级的具体社会政策情况下,某种基本收入制度的实施,也会给这种提升造成一定压力。兼职工人的雇主,必须加倍努力,使那些工作对单凭其补助就能生活的人具有吸引力。

志愿者活动或从事艺术活动等。此外，若基本收入补贴是通过累进税筹集的话，那么，延长工作时间，边际收益反而会减少。一些从事全日性工作的人，一旦认识到闲暇增加之利会超过边际收入的增加，便会要求缩短工时。

最后，基本收入制度会促进各种非市场工作的增长。安于基
207 本收入生活水平的人，可能决定全身心投入诸如抚养孩子、照顾老年亲朋等无工资活动，或从事各种社区或志愿活动。此外，人们还会选择为非营利组织做志愿工作，或以较低工资投身各种服务活动。总之，若能保证个人享有最低收入，补偿较少的服务活动相对于正规就业而言，其吸引力便会增加。

这种非市场工作增长的好处之一是，由此会为扩大有趣工作的供给创造几乎无限的可能性。例如，想创办一家社区报纸、一家地方戏剧公司或一家托儿所的人，即可以用自己的基本收入补贴、资助这类事业的创办事宜。即令一开始他们遭到社区的抵制，但只要他们满足于某种低水平收入，他们或许就能坚持一阵子。若是社区终于欣赏且资助他们的服务了，他们所获得的收入很可能会有所提高。

有人认为，基本收入补贴或许会补助低工资雇主，并促使无吸引力的工作增加。① 然而，只要满足两个条件，情况就未必如此，这两个条件是，该补贴提供的补助水平相当高，以及工会权利得到有效保护。若是给予雇员某种真正能取代有薪就业的选择的话，基本收入补贴就会使劳动力市场紧张，遂致雇员相对于雇主享有

① 参看约翰·迈尔斯，“衰落还是陷于绝境？福利国家现状”，《政治经济学研究》第26卷(1988年夏季)，第73—107页。

更多的优势。这一优势加强，再加上工会权利，势必能使雇员迫使雇主提高工资，并改善工作条件。雇主强制力量的减弱，会使工作场所的组织方式更具合作性，从而有助于提高经济效率。

基本收入制度，不会穷尽按质量优先增长II组织劳动力市场所需的制度创新。还需要采取进一步措施，以促进卡门·西里安尼所谓“时间的自我管理”。需要有种类繁多的一系列受补助的教育机会，来向个人提供人生历程各阶段广泛和专门的技能。尽管 208
基本收入制度会使个人在中年不论业余还是正规学习都容易一些，但仅此而已，还是不够的。如果没有资助解决教育费用且保证成年人学以致用的种种安排，提升动态柔性所需要的能力就不会得到保证。

加大各企业内和各行业内职业结构的柔性，也是必不可少的。尤其是，在不牺牲进入高级职位可能性情况下，个人有在兼职和全日工作之间实现自由选择这种需要。现在的情况常常是，人们若选择非全日工作，就得放弃升迁至所负责任更重大或是更令人感兴趣的职位的任何希望。然而，对兼职的这种惩罚，不仅任意限制了社会充分利用工人生产能力的能力，而且也抑制了个人再培训投资的积极性。

智力非商品化

既然动态柔性取决于新思想的迅速发展和利用，社会在组织智力方面的安排对质量优先增长也就具有关键重要性了。工作组织的变化，对企业利用创新思想的速度和效果有重要意义。不过，要取得动态柔性，还得改变另外一些制度安排。

创新思想私有化与创新思想向经济扩散之间，有着根本性紧张关系，这是公认的。[①] 计算机软件这个例子，就是富有启发性的。一个新的程序被置于公共领域时，它会很快传播开来，成千上万的程序员会提供帮助完善它的改进。一个程序是专利品时，扩
209 散往往很缓慢，对诉讼的担忧使人们不敢传播改进型程序。当程序员必须开发和营销全新的程序，以使改进型程序进入流通时，变革的速度就放缓了。此外，当软件业受拥有强大分销系统的大企业支配时，新办小企业若只提供稍好点的产品，便会陷入门庭冷落的局面。

其他很多领域也有类似问题。在诸如生物技术和人工智能等领域，搞研究的科学家敏锐地意识到，他们的实验室研究会带来巨大经济报酬。不过，一旦这些科学家纷纷创办自己的公司或是加入现有公司，科学界的传统价值观念与信息的专利控制之间的冲突就激化了。[②] 当你的创新成果的专利使用价值达到数百万美元时，你怎会冒风险发表你的这些创新成果呢？然而，若不公开发表的话，思想的扩散就极其缓慢了。

人们在讨论这种种两难困境时，几乎总是谈论扩散速度与为提出这些思想的人保留足够多的经济刺激之间的平衡与协调。人们认为，若不让个人或企业利用其创新成果，那就不会有对创新进行投资的动机了。此外，还有人声称，扩散缓慢的问题，可通过签订允许非所有人利用专利思想的特许协议，而将其危害减少到最低限度。

---

① 知识产权社会组织时下困境的综述，详见技术评价办公司，《电子信息时代的知识产权》(华盛顿特区：GPO，1986 年)。

② 参看多萝西·内尔金《作为知识产权的科学：谁控制科学研究？》(纽约：麦克米伦出版公司，1984 年)，尤其参看第 2 章和第 7 章。

不过,这些论点也有一些问题。20 世纪 70 年代个人电脑业的发展,提供了充分的证据证明,现行安排是有成本的。尽管研制个人电脑对于现有的电脑公司来说,并非特别巨大的技术挑战,然而,这些公司在电脑迷证明这些装置具有巨大的潜在市场以前,对按这些思路进行创新没有表现出什么兴趣。此外,那些电脑迷也并非作为一群企业家试图利用被现有企业所忽视的一项技术而开始创业的。正相反,这一电脑迷亚文化,与 20 世纪 60 年代和 70 年代的反对现存社会体制的反正统文化有紧密联系。[1] 正是依据 210
这种反正统文化观念,这些电脑迷确立了一种信息免费共享的道德规范,此道德规范,是他们所以能在极短时期就开发出个人电脑和个人电脑软件的一个决定性因素。具有讽刺意味的是,当这些电脑迷在其车库创建的企业变成大公司时,信息免费流动戛然而止了。此外,随着这些电脑迷兼企业家的故事被吸收进现有文化中的从一贫如洗到家财万贯的神话,他们成功的榜样很有可能进一步减缓创新的速度。还有更多的人在幻想创办自己的企业和发财时,会千方百计隐藏自己的创新思想。

对经济刺激的这一偏窄关注,把个人提出新思想的所有其他原因弃置净尽了。几个世纪以来,艺术家和科学家,都基于与赚钱的欲望几乎毫无关系的理由做出了创新。[2] 此外,硅谷的电脑迷,只是喜欢摆弄机械者的人的漫长传统的一个最新典型,他们的动机常常是对小机械的喜爱和理解世界的欲望。记住激励创新的因

① 巴罗·弗赖伯格和迈克尔·斯温,《硅谷之火:个人电脑的产生》(伯克利:奥斯本,1984 年)。

② 这种传统动机与金融刺激之间的紧张关系,见技术评价办公室的讨论,《知识产权》,第 130－132 页。

素是丰富多样的，这很重要，因为一个社会若使金钱成为各领域活动的唯一激发力，那它也就与历史上曾经出现过的人类创造力生气勃勃的潮流隔绝了开来。

事实上，现在的情况依然是，在艺术上——即令已成为大买卖的艺术——思想上的专有权，也还是极其有限的。一个人若抄袭一部话剧，或一部电视剧本，或一首流行歌曲的大段大段词曲，可能会陷入麻烦，但仿效某件艺术作品背后的创新思想，却不会带来麻烦。正相反，可以说，这种借用和评论前辈作品的自由，处于艺术活动的核心位置。

包豪斯建筑学院的建筑师对其风格上的创新不能获得专利控
211 制，或安迪·沃霍尔不能给**波普艺术**的思想颁发许可证这一事实，似乎并没有使艺术创造力走向枯竭。艺术在没有思想的专利控制的条件下繁荣了这一点，表明艺术模式还可进一步予以推广。软件“艺术家”或电脑设计“艺术家”，可受某个企业委托，生产一件符合某些规格的作品。若此作品体现重要创新，则其他“艺术家”即可无偿发展那些主题的变体。事实上，这样一种模式，会是保留经济刺激的，因为更出色的“艺术家”会赢得更大、更赚钱的委托，但其思想则免费流通。

此外，保护创新刺激的论点忽略了以下一个事实，那就是，即使思想专利权是不确定的，企业也有投资于工艺创新和产品创新研究的明显经济动机。工艺创新，可使企业效率更高，因而增加利润，而新的或改进型产品，可扩大生产，即使不限制竞争企业开发这些创新的仿制品，情况也是如此。[①] 在技术瞬息万变的竞争激

① 就连保护专利思想的流行制度安排说，很多产品创新，也很易被竞争者模仿。

烈的行业,即令营销一个新产品早开始6个月,也可提供巨额报酬。总之,即令思想的所有权极其有限,企业也还是会有创新的强烈动机。

诚然,取消有关知识产权的所有概念,绝不是明智的;相对于大企业而言,采取这样一个步骤会给个人和小企业造成巨大损害。不过,可以采取很多步骤来保护社会免受思想的组织和产生上过高水平的市场化影响。首先,通过专利或版权实现的思想的法律保护期限,可以大为缩短,这样,思想即可快一些进入自由流通,而企业面临更大的压力来尽快利用创新。其次,归入艺术创新模式的思想范围,应予以扩大,而不是缩小。第三,个人独立于商业利益研发思想所应享有的社会地位,需加以保护和提高。研究艾滋病疫苗的 212
学术界的科学家或政府雇用的科学家,应在名望和认可上受到褒奖,但专利权则应进入公共领域。欲从其思想的商业利用中获利的那些科学家,若不同意迅速公布其成果,即应离开大学。附带有专利条件由私营企业联合资助学术研究,对创造知识含量更高的公共物品的更多公共投资而言,是一种很差的替代形式。

事实上,目标应该是极大地扩展知识生产的公共和非营利领域,该领域应扩大研究范围,把生产过程也包括在内。例如,探究工业自动化带来的人类问题和技术问题的公助研究机构,就可以产生各种不同企业都可无偿获取的创新思想。①

既然专利法的核心在于技术过程,因此,利用设计不同的机制以达到同样目的的仿制新产品,也常是可行的。

① 日本人发展出了一种相当于美国农业推广业务的制造业推广业务(斯蒂芬·S.科恩和约翰·齐斯曼,《制造业关系重大:后工业经济的神话》[纽约:基础图书出版公司,1987年],第226页)。公共和非营利机构,在确保信息的广泛享用机会上,也需发挥更大作用。必不可少的,是相当于公共图书馆历史上所起的作用的高技术。

生产决策与投资决策的协调

描述质量优先增长 II 时，最富于挑战性的问题，也许是要弄清楚怎样协调生产决策与投资决策。在决定生产什么时，有没有办法超越计划或市场？该如何阻止企业把诸如污染或危险物一类外部性强加于广大的社会？最重要的是，该如何确定追求何种质量优先目标，以及由谁承担费用？

有一点是可以肯定的，那就是不能凭借单独一种办法来完成这些任务；社会必须依赖市场、国家行动和其他调控形式的多种组
213 合。若不对各种不同的制度安排作复杂的组合，就无法进行有效的协调。例如，增加非商品产量时，基本收入计划会产生某种准市场动态，在这种动态下，个人会有更多的机会生产集体物品。然而，人们或许还希望政府也更多地提供某些集体物品。政府供应与自愿供应之间的精确组合，当需不断地予以协商才行。

此外，还可以概述某些可用以实现经济协调的方法。一个步骤是，扩大私营企业作为实现公共目标的一种工具的作用。这在平权行动等方面已经做到了，平权行动要求企业不仅是要谋取利润，而且要减少社会上的种族和性别不平等。在以质量优先增长为中心组织起来的社会中，这方面的工作还可予以扩展，直至包括多种不同的社会目标。可以规定，企业必须追求诸如创造更有趣的工作，改善职业健康和安全以及保护环境这样一些公共目标。

这不仅仅是让政府调控者把要求强加于企业的问题。这里的意思是，随着雇员成为企业的利益攸关者，他们更多地参与企业的决策，他们便可以帮助确保该企业的行为与某些广泛的社会目标相一致。还需要有一个调控机构，企业若违反某些商定的标准，便

会受到惩罚。不过,重点是促使企业将一些社会目标内部化,把它们当作自己的基本目标。一旦企业偏离这些目标,雇员可以充当告密者或压力集团,对管理部门施压。既然社会上的所有企业都受制于同样的约束,违反标准的竞争压力就会减小。

利用企业实现更广泛社会目标的可能性,依赖于这样一种思想,即对利润的追求,总是由社会建构的;它发生于何谓适合的合法的行为这样一个理解的框架内。在不存在经济理论所说的完全竞争的情况下,企业有相当大的回旋余地来决定其目标。就连什么构成合适利润水平的定义,也是会计惯例和特定社会内部理解的结果。既然企业是一种社会组织,它也就可予以重建,以更多地 214
强调非传统目标。批评者抱怨,非营利公司的表现与营利公司没有什么不同,但这些非营利实体的成功,就是公司形式变化潜力的一种说明。公司形式的这种可塑性意味着,盈利性和更广泛的社会目标是可以并行不悖的。

在政府这一层面,另外两个变化是必需的。第一个变化是,公共部门以非传统官僚主义的方式提供服务。就像私营公司不必把利润置于其他任何目标之上那样,公共部门提供服务时,也不必效率低下,不必对消费者的各种需要反应不灵敏。前已提及,市场安排自身未能生产出人们最需要的某些服务——如住房、儿童保育、信息服务等。政府必须提高能力,生产出在数量和质量上能充分满足人们需要的上述服务。

可以通过使政府机构非官僚化做到这一点。公共部门的非官僚化过程,相当于私营部门使工人成为本组织的问题解决者和利益攸关者的变化过程。这意味着,在确定政府机构目标时,给予低级工作人员以更多的斟酌决定权和更多的参与权,并采取激励措施，促使政府机构对公众关心的事情作出灵敏的反应。还意味着，越来越多地利用公共部门与私营部门的伙伴关系，通过政府机构、非营利组织乃至营利企业间的协作来提供高质量的服务。这种合作可以确保用多种方式解决提供服务的问题。此外，通过对承包协议的严密监督，公共部门员工还可保证公共政策目标得以实现。

第二个必要变化是，在作出有关社会基础设施投资和公共物品生产的政府决策上，扩大民主政治的作用。这一变化的一种胚芽形式，在某些有关城市和地区交通运输和城市发展的公开争论中，已可以看到。人们所熟悉的这一类争论的形式是，强大的私人
215 和公共利益集团结成联盟，一起为所在地区提出计划。这种计划需经过某种公开辩论，而后立法机构不是接受就是拒绝，因为要由立法机构通过投票决定提供付诸实施的资金。但在某些情况下，社会群体或其他公共部门实体也会提出相反的计划，而后会就解决该区问题的这两种不同方法的相对优缺点展开辩论。

这种争论表明，有可能创建以民主方式制订计划的机制。关键在于向非精英群体提供资源，使他们能够提出反映民众愿望的对抗性计划。有了基本收入补贴制度，便可以很容易地支撑制订计划的其他群体，但还需要有公共部门的某些额外补贴，以确保这些群体能雇用具有高度专门知识的专家的服务。然后，当计划和对抗性计划两者都存在时，便可进行广泛的公开辩论，揭示出两种不同方法的优缺点。或许可以利用全民公决来判定公众情感，随后立法机构便可制订出一项最终计划，尽力兼具计划与对抗性计划的优点。

通过这样一个过程，社会便可开始对社会和经济发展过程作出最重要的集体决策。公民非但不是市场过程或精英规划的被动

的牺牲者，反而开始处理如何生活以及社会资源如何加以利用等基本问题了。经济生活的这种民主化，不会一下子发生，而是一个学习和制度创新的漫长过程。

这样一种民主决策的可能性，是与摒弃静脉注射式的资本观紧密联系在一起的。只要静脉注射式的资本观仍然大行其道，人们在讨论增加公共物品时，就会担心不得不放弃增加生产性投资，增加对富人的税收会放慢经济增长。若摒弃静脉注射式的模式，人们便会更加现实地理解各种不同支出与各种不同筹资手段之间的平衡。此外，人们若认识到争夺地位攸关的商品会造成浪费，那
就会为再分配性课税——为生产公共物品筹措资金的一种机 216
制——提供坚实的依据。

诚然，在生产何种公共物品以及公共消费与私人消费的恰当组合上，还有发生激烈冲突的很大余地。围绕与环境保护相比，还要投入多少追加资金专供医学研究使用，斗争还会继续下去。围绕人们需要有或应该得到多少可以自由支配的收入，还会有持久的争论。然而，关键在于这种冲突将发生在这样一种政治背景下，那就是，这些决策是由集体作出的，而不是通过市场这只看不见的手作出的。

总之，质量优先增长 II 并不会消除各社会集团在收入、权力和地位等方面的现行冲突，也不会消灭不平等现象或终结等级制度。但它会改变发生这些冲突的场所。它会创建更为民主的制度结构，并对财富较少和权力较少的人提供更高水平的保护。它会使我们更加接近这样一个世界，在那里，“每一个人的自由发展是一切人的自由发展的条件”。

质量优先增长面临的阻碍

毫无疑问，除非人们广泛认识到，新的经济原则——即质量优先增长 I 中所包含的那些原则——可以确保有效地组织生产和消费，否则，质量优先的增长 II 设想的那种种制度变化将远非美国政治的主流。不过，即使到了那时，经济改革遇到的阻碍也还会是相当大的。与日本、西欧和新工业化国家的国际经济竞争，以及与苏联的政治军事竞争，给国内改革带来了巨大的阻碍。[①] 就国内
217 说，政治和经济精英阶层很有可能会积极行动起来，反对质量优先增长 II 所意味着的权力和财富的重新分配。最为关键的是，美国政治的持续堕落，使人很难看出重要的改革会列入政治议程。参加选举的人还不到适龄人口的一半，公司政治行动委员会筹集的巨款发挥着支配作用，政治运动中广告和包装取得非凡的成功，所有这一切使任何严肃的政治辩论都无从谈起。

但关键在于，这些阻碍每一个基本上都是政治性的，因此，是有望克服的。即使就国际经济竞争说，问题也是在政治上可以改变主导国际市场的规则。在目前条件下，迫使企业着眼于更广泛的社会目的、例如对环境保护作出更多承诺的国家，显然会使那些企业在国际贸易中处于严重不利的境地。不过，通过谈判制定国际环境规则，限制那些违反某些环境标准的企业进入国际市场，当然是可行的。事实上，如若不建立这种国际环境准则，环境实践就

---

① 此刻，1989 年 9 月，通过谈判，促成苏－美达成大大削减军费的谅解，会比 1945 年以来任何时候都更有可能。关键问题似是出在美国政界领导人是否有勇气抓住机会，结束冷战。

会受到强大压力，降低到调控最乏力的国家的水平，而可能给地球造成无可挽救的损害。

类似地，主导国际经济的规则，也可予以改写，对货币资本的跨国流动施以限制。在为第二次世界大战后的国际货币秩序提出的一些初期建议草案中，人们设想到了这种限制，可以重提这种限制，以保护各国免受流动资本不稳定的流动带来的负面影响。这种限制，当系摒弃静脉注射式资本模式的一种合乎逻辑的延伸。[①]

其他的阻碍，如强大精英阶层的抵制和美国政治的堕落等，显 218
然更加容易克服。在美国历史的早期，曾兴起强大的社会运动——通常是出乎意料地兴起——以改造国内政治的形式和内容。这种运动，即令面临精英阶层的强大抵制，也还是赢得了重要的改革。自上一次发生此类事件以来已过去了很长时间，但并不能以此为理由怀疑再次发生这种事情的可能性。

结　　论

依据优先的增长 II 的思路的变化，有赖于广泛的社会运动的兴起，力求用新的方法组织经济和社会生活。这类运动实际上是否会出现，固然取决于多种因素，但显得突出的一个因素，则是人们是思考他们生活于其中的社会的方式。问题在于，要是工业社会的经济范畴和概念在民众的认识中依然根深蒂固的话，那么，社

① 就第三世界而论，要发展，就得注入货币资本，资助工厂和基础设施。不过，国际债务危机提供的惊人证据表明，市场机制没有有效组织这些流量。就国际经济秩序设想的部分重新谈判，会是在发达国家与发展中国家之间实现资源的转移上达成一致的。

会选择就将受限制,民众运动则失去活力了。本书,就是本着这样的希望写的,就是对这些过时思想的批判,或许有助于扩大变化的可能性。

索　引*

* 本索引所标示页码为英文版页码，请查检中译本的边码。

图书在版编目(CIP)数据

后工业的可能性:经济学话语批判/〔美〕布洛克著;王翼龙译.—北京:商务印书馆,2010
ISBN 978-7-100-07148-2

I. ①后… II. ①布…②王… III. ①后工业社会(经济学)—研究 IV. ①F038.8

中国版本图书馆 CIP 数据核字(2010)第 086704 号

后工业的可能性
——经济学话语批判
〔美〕弗雷德·布洛克 著
王翼龙 译

商 务 印 书 馆 出 版
(北京王府井大街36号 邮政编码100710)
商 务 印 书 馆 发 行
北京中科印刷有限公司印刷
ISBN 978-7-100-07148-2

2010年12月第1版 开本850×1168 1/32
2010年12月北京第1次印刷 印张8 1/8

定价:20.00元